大方廣佛華嚴經

일러두기

1. 『대방광불화엄경 강설』원문原文의 저본底本은 근세에 교정이 가장 잘 되었다고 정평이 나 있는 대만臺灣의 불타교육기금회佛陀教育基金會에서 출판한『화엄경소초華嚴經疏鈔』본입니다.

2. 『대방광불화엄경 강설』은 실차난타實叉難陀가 695년부터 699년까지 4년에 걸쳐 번역해 낸 80권본卷本『대방광불화엄경』을 우리말로 옮기고 강설을 붙인 것입니다.

3. 『대방광불화엄경』은 애초 산스크리트에서 한역漢譯된 경전이지만 현재 산스크리트 본은 소실된 상태입니다. 산스크리트를 음차한 경우 군이 원래 소리를 표기하려고 하기보다는『표준국어대사전』이나『불교사전』등에 등재된 한자음을 사용하는 것을 원칙으로 하였습니다.

4. 경문의 한글 번역은 동국역경원본을 참고하여 그대로 또는 첨삭을 하며 의미대로 번역하고 다듬었습니다.

5. 각 품마다 내용에 따라 단락을 나누고 제목을 달았습니다. 단락의 제목은 주로 청량淸凉스님의 견해에 기초하였으며 이통현李通玄장자의 견해를 참고로 하였습니다.

6. 『대방광불화엄경 강설』의 발행 순서는 한역 경전의 편재 순서를 기준으로 하였고 각 권은 단행본 한 권씩으로 출간될 예정이며 모두 80권으로 완간됩니다. 다만 80권본에 빠져 있는「보현행원품」은 80권본 완역 및 강설 후 시리즈에 포함돼 추가될 예정입니다.

7. 『대방광불화엄경 강설』안에서 불교용어를 풀이한 것은 운허스님이 저술하고 동국역경원에서 편찬한『불교사전』을 인용하였습니다.

8. 각주의 청량스님의 소疏는 대만에서 입력한 大方廣佛華嚴經 사이트의 것을 사용하였습니다.

9. 『대방광불화엄경 강설』입법계품에 들어가는 문수지남도는 북송北宋시대 불국佛國선사가 선재동자가 53명의 선지식을 친견하여 법을 구하는 장면을 하나하나 그림으로 그린 것입니다.

대방광불화엄경 강설
제 14 권

十一. 정행품淨行品
十二. 현수품賢首品 1

실차난타實叉難陀 한역
무비스님 강설

서문

불자여,
보살이 집에 있을 때에는
마땅히 중생이
집의 성품이 공한 줄을 알아서
그 핍박을 면하기를 원할지어다.

부모를 효성으로 섬길 때에는
마땅히 중생이
부처님을 잘 섬겨서
일체를 보호하고 공양하기를 원할지어다.

처자가 모일 때에는
마땅히 중생이
원수거나 친하거나 평등하여
길이 탐착을 여의기를 원할지어다.

『정행품淨行品』

믿음은 불도의 근원이며 공덕의 어머니라
일체의 선한 법을 다 길러 내나니
의심의 그물을 끊어 버리고 애착의 물결을 벗어나서
가장 높은 열반의 도를 열어 보이네.

믿음은 혼탁함이 없어 마음이 청정하고
교만을 없애고 공경의 근본이 되네.
믿음은 또한 법의 창고에서 제일가는 재물이요
훌륭한 손이 되어 온갖 일을 다 수행하게 되네.

믿음은 은혜를 베풀어 마음에 인색함이 없고
믿음은 기쁨으로 불법에 들어가게 하며
믿음은 지혜와 공덕을 증장시키고
믿음은 반드시 여래의 지위에 이르게 하느니라.

『현수품賢首品』

2014년 9월 1일

신라 화엄종찰 금정산 범어사

如天 無比

5

대방광불화엄경 목차

대방광불화엄경 강설 제14권

十一. 정행품淨行品

1. 지수보살이 문수보살에게 묻다

十二. 현수품賢首品 1

대방광불화엄경 강설

제14권

十一. 정행품

묘각의 지위에 오르려면 반드시 수승하고 뛰어난 수행이 있어야 한다. 만약 이해만 있고 실천이 없으면 많은 지식을 허비하게 된다. 앞의 품에서는 이해를 밝혔고 이 품에서는 실천을 밝힌다.

정행이란 청정한 행동, 깨끗한 행위, 수행자답고 품격 있는 거동과 마음 씀씀이를 말한다. 지수智首보살이 문수보살에게 "어떻게 하면 신구의 삼업이 과실이 없으며, 해치지 아니하며, 훼손하지 아니하며, 태어나는 곳의 구족함과 종족의 구족함과 가문의 구족함 등을 얻을 수 있겠습니까?"라고 묻자 문수보살은 141게송으로 모든 행동거지를 할 때에 이러이러한 원願을 세우라는 답을 하였다. 그와 같은 원을 통해서 청정한 행동, 깨끗한 행위가 성취된다고 말씀하신 내용이다.

1. 지수智首보살이
   문수보살에게 묻다

1) 불과佛果의 삼업三業

이 시   지수보살   문 문수사리보살언   불
爾時에 智首菩薩이 問文殊師利菩薩言하사대 佛

자 보살   운 하 득 무 과 실 신 어 의 업   운 하 득
子야 菩薩이 云何得無過失身語意業이며 云何得

불 해 신 어 의 업   운 하 득 불 가 훼 신 어 의 업   운
不害身語意業이며 云何得不可毀身語意業이며 云

하 득 불 가 괴 신 어 의 업
何得不可壞身語意業이며

그때에 지수보살이 문수사리보살에게 물었습니다.
"불자여, 보살이 어떻게 하면 허물이 없는 몸과 말과
뜻의 업業을 얻으며, 어떻게 하면 해치지 않는 몸과 말

과 뜻의 업을 얻으며, 어떻게 하면 훼손할 수 없는 몸과
말과 뜻의 업을 얻으며, 어떻게 하면 깨뜨릴 수 없는 몸
과 말과 뜻의 업을 얻을 수 있습니까?"

불과佛果의 삼업三業이란 열 가지 삼업을 말한다. 부처님
의 삼업, 즉 완벽한 삼업을 이루려면 어떻게 해야 하는가를
물었다. 수행자가 삼업에 허물이 없으면 뛰어나고 존귀해지
고, 보살이 삼업을 해치지 아니하면 항상 넉넉한 이로움이
있고, 보살의 삼업에 아무런 미혹이 없어 삼업에 훼손이 없으
면 모든 천왕이 공경하고, 또 수행자의 삼업을 악한 인연이
깨뜨리지 못하면 부처님으로서 열 가지 힘을 얻는 등의 결과
가 있기 때문이다.

운 하 득 불 퇴 전 신 어 의 업   운 하 득 불 가 동 신
云何得不退轉身語意業이며 云何得不可動身

어 의 업   운 하 득 수 승 신 어 의 업   운 하 득 청
語意業이며 云何得殊勝身語意業이며 云何得淸

^{정 신 어 의 업} ^{운 하 득 무 염 신 어 의 업} ^{운 하}
淨身語意業이며 **云何得無染身語意業**이며 **云何**

^{득 지 위 선 도 신 어 의 업}
得智爲先導身語意業이니잇고

"또 어떻게 하면 물러나지 않는 몸과 말과 뜻의 업
을 얻으며, 어떻게 하면 움직이지 않는 몸과 말과 뜻의
업을 얻으며, 어떻게 하면 수승한 몸과 말과 뜻의 업을
얻으며, 어떻게 하면 청정한 몸과 말과 뜻의 업을 얻으
며, 어떻게 하면 물들지 않는 몸과 말과 뜻의 업을 얻으
며, 어떻게 하면 지혜가 선도하는 몸과 말과 뜻의 업을
얻을 수 있습니까?"

불교 수행의 결과로 묘각을 성취하여 가장 위대하고 뛰
어난 인격자가 되려면 몸과 말과 뜻이 완벽해야 한다. 세간
이나 출세간이나 사람의 평가는 이 삼업에 있기 때문이다.
그러므로 위에서 열거한 완벽한 삼업을 성취하는 것은 곧 불
과佛果를 성취하는 것이다. 만약 삼업이 실답지 못하여 결손
이 많고 허물이 많은 사람이라면 누가 그를 존경하며 누가
그의 말을 따르겠는가. 그래서 이와 같은 삼업을 갖추려면

아래 141가지의 게송에서 밝힌 수행자의 일거수일투족에 중생을 위한 서원이 충만해야 한다고 한 것이다.

2) 불과佛果의 구족具足

운하득생처구족   종족구족   가구족   색구
云何得生處具足과 **種族具足**과 **家具足**과 **色具**

족   상구족   염구족   혜구족   행구족   무외
足과 **相具足**과 **念具足**과 **慧具足**과 **行具足**과 **無畏**

구족   각오구족
具足과 **覺悟具足**이니잇고

"어떻게 하면 태어나는 곳의 구족과 종족의 구족과 가문의 구족과 색의 구족과 모양의 구족과 생각의 구족과 지혜의 구족과 행行의 구족과 두려움 없음의 구족과 깨달음의 구족을 얻겠습니까?"

다시 또 불과를 이루려면 열 가지가 구족해야 한다. 그래서 어떻게 하면 그 열 가지가 구족해지겠는가를 물었다.

청량스님은 유가구석瑜伽具釋의 글을 이끌어 위의 열 가지

구족에 대해 이렇게 설명하였다. "태어나는 곳의 구족은 중국에 태어나면 항상 불법이 있으며, 종족을 구족하면 하천하지 않으며, 삼보를 믿고 선행을 닦는 집에 태어나면 외도나 사도를 멀리하며, 형색이 단정하면 누추하지 않게 되며, 장부의 상호를 구족하면 모든 근根이 결손이 없으며, 바른 생각을 잊지 않으면 과거의 생각이 현전하며, 지혜가 고명하면 세상 법을 잘 이해하며, 유화하고 조화롭고 선량하면 허물이 없는 수행을 하며, 뜻이 굳고 강하면 겁약이 없으며, 마음에 깨달음이 있으면 세상 법에 물들지 않는다."[1] 이와 같은 열 가지 구족을 이루려면 다음에서 밝히는 141가지 보살의 서원행誓願行을 해야 한다.

---

1) 瑜伽具釋 '一, 常生中國有佛法處. 二, 種族尊貴, 非下賤等. 三, 生信向三寶修善之家, 非外道等家. 四, 形色端嚴非醜陋等. 五, 具丈夫相諸根不缺. 六, 正念不忘 亦宿念現前. 七, 慧悟高明善解世法. 八, 柔和調善離過修行. 九, 志力堅強故無怯弱. 十, 性自開覺不染世法'.

3) 십종지혜十種智慧

운하득승혜   제일혜   최상혜   최승혜   무
云何得勝慧와 **第一慧**와 **最上慧**와 **最勝慧**와 **無**

량혜   무수혜   부사의혜   무여등혜   불가량
量慧와 **無數慧**와 **不思議慧**와 **無與等慧**와 **不可量**

혜   불가설혜
慧와 **不可說慧**이니잇고

"어떻게 하면 수승한 지혜와 제일의 지혜와 가장 높은 지혜와 가장 수승한 지혜와 한량없는 지혜와 수없는 지혜와 생각할 수 없는 지혜와 같을 이 없는 지혜와 헤아릴 수 없는 지혜와 말할 수 없는 지혜를 얻겠습니까?"

묘과妙果를 성취하려면 또 열 가지 지혜를 얻어야 한다. 어떻게 하면 이 열 가지 지혜를 얻을 수 있겠는가. 역시 다음에서 밝히는 청정한 행, 즉 141가지의 서원행을 해야 한다. 그래서 정행품淨行品이다.

4) 열 가지 힘

운하득인력   욕력   방편력   연력   소연력
云何得因力과 **欲力**과 **方便力**과 **緣力**과 **所緣力**과

근력   관찰력   사마타력   비발사나력   사유
根力과 **觀察力**과 **奢摩他力**과 **毘鉢舍那力**과 **思惟**

력
力이니잇고

"어떻게 하면 인因의 힘과 욕망의 힘과 방편의 힘과
연緣의 힘과 반연하는 바의 힘과 근根의 힘과 관찰의 힘과
사마타奢摩他의 힘과 비발사나毘鉢舍那의 힘과 생각의 힘을
얻겠습니까?"

불법의 궁극의 경지인 불과를 증득하려면 힘을 얻어야 하
는데, 힘이란 도를 갖추는 인연이다. 인因의 힘이란 법문을
많이 들어 훈습하면 장식藏識 중에서 이해하는 것과 성품이
화합하여 큰 힘이 된다. 욕망의 힘이란 수승한 욕망이 있으
면 깨달음을 희망하게 된다. 방편의 힘이란 수행을 돕는 것
인데 여섯 가지가 있다. 자비심으로 어여삐 여기는 것, 모든
행을 아는 것, 부처님의 미묘한 지혜를 기뻐하는 것, 생사를

버리지 않는 것, 윤회에 물들지 않는 것, 부지런히 정진하는 것 등이다. 연緣의 힘이란 좋은 도반이 권장하는 일이다. 반연하는 바의 힘이란 자비와 지혜의 경계를 관찰하는 일이다. 근根의 힘이란 믿음이다. 관찰의 힘이란 자신과 타인의 이理와 사事에 약과 병을 잘 간택하는 일이다. 사마타의 힘은 지止이며 비발사나의 힘은 관觀이다. 다음에서 밝히는 141가지 서원행을 닦아서 이와 같은 힘을 다 갖춰야 불과가 완벽해진다.

5) 법의 선교善巧

운하득온선교 　 계선교 　 처선교 　 연기선교
云何得蘊善巧와 **界善巧**와 **處善巧**와 **緣起善巧**와

욕계선교 　 색계선교 　 무색계선교 　 과거선교
欲界善巧와 **色界善巧**와 **無色界善巧**와 **過去善巧**와

미래선교 　 현재선교
未來善巧와 **現在善巧**이니잇고

"어떻게 하면 온蘊의 선교善巧와 계界의 선교와 처處

의 선교와 연기緣起의 선교와 욕계의 선교와 색계의 선
교와 무색계의 선교와 과거의 선교와 미래의 선교와 현
재의 선교를 얻겠습니까?"

선교善巧란 부처님이 사람을 제도濟度할 때 교묘巧妙한 방
법으로 사람에게 이익을 주는 것을 일컫는다. 5온과 18계와
12처와 연기의 선교는 중생이 유전하는 본체를 말한다. 3계
는 중생이 유전하는 처소다. 과거 현재 미래는 중생이 유전
하는 때다. 이러한 모든 것에 선교 방편을 얻어야 불과를 증
득하여 완벽한 성인이 된다. 그것에 대한 해답 역시 141가지
보살의 서원행을 실천하는 것에 있다.

6) 칠각분七覺分과 삼공三空

운 하 선 수 습 염 각 분　　택 법 각 분　　정 진 각 분
云何善修習念覺分과　擇法覺分과　精進覺分과

희 각 분　　의 각 분　　정 각 분　　사 각 분　　공 무 상 무
喜覺分과　猗覺分과　定覺分과　捨覺分과　空無相無

원
願이니잇고

"어떻게 하면 기억하는 깨달음의 분分과, 법을 가리는 깨달음의 분과, 정진하는 깨달음의 분과, 기뻐하는 깨달음의 분과, 홀가분한 깨달음의 분과, 선정하는 깨달음의 분과, 버리는 깨달음의 분과, 공空하고 모양이 없고 원願이 없음을 잘 닦아 익힐 수 있습니까?"

칠각분七覺分이란 불도 수행에서 참과 거짓, 선과 악을 살펴서 올바른 취사 선택을 하는 일곱 가지 지혜를 말한다. 염각분念覺分이란 선정[定]과 지혜[慧]가 고르게 내재화되는 것이다. 택법각분擇法覺分이란 수행함에 있어 건강한 심리상태와 불건강한 심리상태를 유발하는 경우를 잘 알아차리고 올바른 것을 선택하는 능력이다. 정진각분精進覺分이란 자기 조건에 맞는 효과적인 수행법을 통해 올바르게 정진하는 것이다. 희각분喜覺分이란 그릇된 법이 아닌 참된 도의 기쁨을 얻는 것이다. 의각분猗覺分은 제각분除覺分이라고도 한다. 불건강한 심리상태를 유발하는 그릇된 견해나 번뇌를 끊고 건강한 심리상태를 유발하는 올바른 견해를 증장시키는 것이다.

정각분定覺分이란 마침내 고요한 선정의 상태에 들어감으로써 번뇌 망상으로부터 자유로운 것이다. 사각분捨覺分이란 마음이 특정한 대상에 집착하거나 치우치지 않고 평등한 것이다. 공空과 무상無相과 무원無願이라는 삼공도 일체 존재를 텅 비어 공한 것으로 보는 지혜다. 이와 같은 것도 역시 아래에 나오는 141가지 보살의 서원행을 잘 실천함으로써 얻을 수 있다.

7) 6바라밀과 4무량심

운하득원만단바라밀   시바라밀   찬제바
云何得圓滿檀波羅蜜과 尸波羅蜜과 羼提波

라밀   비리야바라밀   선나바라밀   반야바라
羅蜜과 毘梨耶波羅蜜과 禪那波羅蜜과 般若波羅

밀   급이원만자비희사
蜜과 及以圓滿慈悲喜捨이니잇고

"어떻게 하면 원만한 보시바라밀과 지계바라밀과 인욕바라밀과 정진바라밀과 선정바라밀과 지혜바라밀과 그리고 원만한 자비희사慈悲喜捨를 얻습니까?"

원만한 6바라밀과 네 가지 한량없는 마음을 얻는 길을 물었다. 6바라밀과 4무량심은 보살신행 덕목의 꽃이다. 만약 이것을 제대로 실천하지 못하면 묘각의 궁극적 지위에 오르기란 어렵다. 이것을 얻는 것 역시 이 정행품에서는 141가지 보살의 서원행을 실천함으로써 가능한 일이다.

8) 십종력十種力

운 하 득 처 비 처 지 력　　과 미 현 재 업 보 지 력
云何得處非處智力과 **過未現在業報智力**과

근 승 렬 지 력　　종 종 계 지 력　　종 종 해 지 력　　일 체
根勝劣智力과 **種種界智力**과 **種種解智力**과 **一切**

지 처 도 지 력　　선 해 탈 삼 매 염 정 지 력　　숙 주 념
至處道智力과 **禪解脫三昧染淨智力**과 **宿住念**

지 력　　무 장 애 천 안 지 력　　단 제 습 지 력
智力과 **無障礙天眼智力**과 **斷諸習智力**이니잇고

"어떻게 하면 곳과 곳 아님을 아는 지혜의 힘과, 과거 미래 현재의 업과 과보를 아는 지혜의 힘과, 근기의 수승하고 하열함을 아는 지혜의 힘과, 가지가지 경계를 아는 지혜의 힘과, 가지가지 알음알이를 아는 지혜의 힘과, 일체의 곳에 이르는 길을 아는 지혜의 힘과, 선정 해탈삼매의 물들고 깨끗함을 아는 지혜의 힘과, 지난 세상에 머무름을 기억하는 지혜의 힘과, 걸림이 없는 천안天眼을 아는 지혜의 힘과, 모든 습기習氣를 끊는 지혜의 힘을 얻겠습니까?"

부처님의 지혜와 덕화를 나타내는 이름 가운데 가장 많이 거론되는 것이 이 열 가지 힘이다. 그래서 부처님을 다른 이름으로 십력十力이라 한다. 이 열 가지 힘을 얻는 방법도 역시 141가지 보살의 서원행에 있다.

9) 시왕공경 十王恭敬

운 하 상 득 천 왕　　　용 왕　　　야 차 왕　　　건 달 바 왕
云何常得天王과 **龍王**과 **夜叉王**과 **乾闥婆王**과

아 수 라 왕　　　가 루 라 왕　　　긴 나 라 왕　　　마 후 라 가 왕
阿修羅王과 **迦樓羅王**과 **緊那羅王**과 **摩睺羅伽王**과

인 왕　　　범 왕 지 소 수 호 공 경 공 양
人王과 **梵王之所守護恭敬供養**이니잇고

"어떻게 하면 항상 천왕과 용왕과 야차왕과 건달바
왕과 아수라왕과 가루라왕과 긴나라왕과 마후라가왕과
인왕, 범왕의 수호하고 공경하고 공양함을 얻을 수 있
습니까?"

시왕의 수호와 공경과 공양함을 받으려면 그 덕화가 얼
마나 훌륭해야 할까. 얼마나 위대한 인격이어야 할까. 사람
으로서 이르러 갈 수 있는 가장 미묘한 불과를 얻어야 가능
한 일이다. 역시 141가지 보살의 서원행을 닦아야 할 것이
다.

10) 능히 요익饒益이 되다

운 하 득 여 일 체 중 생　　　위 의　　위 구　　위 귀
云何得與一切衆生으로 **爲依**며 **爲救**며 **爲歸**며

위 취　　위 거　　위 명　　　위 조　　위 도　　위 승 도　　위
爲趣며 **爲炬**며 **爲明**이며 **爲照**며 **爲導**며 **爲勝導**며 **爲**

보 도
普導이니잇고

"어떻게 하면 일체 중생의 의지가 되며, 구호가 되며, 돌아갈 데가 되며, 나아갈 데가 되며, 횃불이 되며, 밝음이 되며, 비춤이 되며, 인도자가 되며, 훌륭한 인도자가 되며, 두루 인도하는 자가 됨을 얻겠습니까?"

부처님이 세상의 중생들에게 해야 할 역할을 밝혔다. 이 내용은 비단 부처님만의 의무가 아니다. 모든 불자와 모든 불교도가 다 같이 이와 같은 의무와 책임을 가지고 보살행으로써 실천해야 할 일들이다. 불교는 어떤 경우에도 오직 세상을 위해서 존재하며 세상의 중생들을 요익하게 하기 위해서 존재하는 가르침이기 때문이다. 이와 같은 의무를 다하는 부처님이 되기 위해서는 역시 141가지 보살의 서원행을

실천 수행해야 한다.

11) 뛰어나게 존귀尊貴한 지위

운 하 어 일 체 중 생 중   위 제 일   위 대   위 승
云何於一切衆生中에 **爲第一**이며 **爲大**이며 **爲勝**

위 최 승   위 묘   위 극 묘   위 상   위 무 상
이며 **爲最勝**이며 **爲妙**며 **爲極妙**며 **爲上**이며 **爲無上**이며

위 무 등   위 무 등 등
爲無等이며 **爲無等等**이니잇고

"어떻게 하면 일체 중생 가운데 제일이 되며, 위대
함이 되며, 수승함이 되며, 가장 수승함이 되며, 묘함이
되며, 지극히 묘함이 되며, 위가 되며, 가장 위가 되며,
같을 이 없음이 되며, 같을 이 없으면서 같음이 되겠습
니까?"

세상에서 가장 뛰어나게 존귀尊貴한 지위인 부처님의 지위
를 증득하려면 이러이러한 법을 갖춰야 하는 것으로 생각한

다. 그것은 곧 불과佛果의 삼업三業과 불과佛果의 구족具足과 십종지혜十種智慧와 열 가지 힘과 법의 선교善巧와 칠각분七覺分과 삼공三空과 6바라밀과 4무량심과 십종력十種力과 시왕공경十王恭敬과 능히 요익饒益됨이다.

　　이와 같은 것을 다 갖췄을 때 가장 뛰어나게 존귀한 지위를 얻게 될 것이다. 그렇다면 이와 같은 조건을 다 갖추려면 어떻게 해야 하는가? 문수보살은 141가지 보살의 서원행誓願行을 닦아야 한다고 하였다. 141가지 서원행이 곧 정행淨行이다.

2. 문수보살의 답

1) 문법問法을 찬탄하다

이시   문수사리보살   고지수보살언
爾時에 **文殊師利菩薩**이 **告智首菩薩言**하사대

선재   불자   여금위욕다소요익   다소안은
善哉라 **佛子**여 **汝今爲欲多所饒益**이며 **多所安隱**으로

애민세간   이락천인   문여시의
哀愍世間하야 **利樂天人**일새 **問如是義**로다

그때에 문수사리보살이 지수보살에게 말씀하였습니다. "훌륭하도다, 불자여. 그대가 이제 많이 요익케 하고 많이 안온케 하려고, 또 세간을 애민히 여기고 천신들과 사람들을 이롭게 하고 즐겁게 하려고 이와 같은 뜻을 물었습니다."

모든 경전에서 보아 왔듯이 어떤 이치를 밝히고 의문을 해결하는 데는 문답을 통해서 하는 것이 가장 효과적이다. 궁금하지도 않고 의문도 없는데 일방적으로 설명하는 것은 설법의 효과가 적을 수밖에 없다. 그동안 지수보살이 질문한 많은 내용에 대해서 문수보살이 자세히 답을 하는 순서다. 이와 같은 질문은 질문을 하는 사람에게도 이익이 있지만 대개의 경우 다른 중생들의 이익을 위해서 하는 것이다.

2) 마음을 잘 쓰는 것이 답이다

불자   약 제 보 살   선 용 기 심   즉 획 일 체 승
佛子야 若諸菩薩이 善用其心하면 則獲一切勝

묘 공 덕   어 제 불 법   심 무 소 애   주 거 래 금 제
妙功德하야 於諸佛法에 心無所礙하며 住去來今諸

불 지 도   수 중 생 주   항 불 사 리   여 제 법 상
佛之道하며 隨衆生住하야 恒不捨離하며 如諸法相을

실 능 통 달   단 일 체 악   구 족 중 선   당 여 보
悉能通達하며 斷一切惡하며 具足衆善하며 當如普

현 색상제일 일체행원 개득구족 어일
賢의 色像第一하며 一切行願이 皆得具足하며 於一

체 법 무 부 자 재 이 위 중 생 제 이 도 사
切法에 無不自在하며 而爲衆生의 第二導師하리라

"불자여, 만약 모든 보살이 그 마음을 잘 쓰면 곧
온갖 수승하고 묘한 공덕을 얻어서 모든 부처님 법에
마음이 걸림이 없으며, 과거 미래 현재의 모든 부처님
의 도에 머물게 되며, 중생을 따라 머물러 항상 버리고
여의지 아니하며, 저 모든 법의 모양을 다 능히 통달하
며, 일체 악을 끊게 되며, 모든 선한 것을 구족하며, 마
땅히 보현보살과 같이 색상이 제일이 되며, 일체 행원
이 모두 구족하며, 일체 법에 자재하지 않음이 없으며,
중생들의 제2도사가 될 것입니다."

마음을 잘 쓰면 곧 온갖 수승하고 묘한 공덕을 얻을 것
이다. 이것이 정답이다. 이 방대하고 심오한 화엄경을 푸는
열쇠는 일체유심조一切唯心造다. 마음을 부처님과 같이 잘 쓰
면 그 순간 곧 부처님이고, 아귀나 아수라와 같이 쓰면 그
순간 곧 아귀며 아수라다.

아래에 일거수일투족에서 마음 쓰는 법을 일일이 밝혔다. 그 마음을 잘 쓰면 일체 공덕을 얻어서 나타나는 구체적인 내용들을 밝혔다. 모두 열 가지인데 앞에서 "어떻게 하면 이러이러한 것을 얻을 수 있습니까?"라고 질문한 내용의 결과들이다. 그러므로 서로 관계를 지어서 생각하면 더욱 분명해지리라. 마지막의 "중생들의 제2도사가 될 것입니다."라는 것은 60권본 경에는 제1도사라고 되어 있다고 하였다. 제2도사라는 것은 부처님 다음 가는 사람이 될 것이라는 뜻이며 제1도사는 부처님이 될 것이라는 뜻이다.

3) 게송으로 답하다

불 자　　운 하 용 심　　　능 획 일 체 승 묘 공 덕
佛子야 **云何用心**하야사 **能獲一切勝妙功德**고

"불자여, 어떻게 마음을 써야만 능히 일체 수승하고 묘한 공덕을 얻을 것인가."

(1) 집에 있을 때의 서원

불 자
佛子야

불자여,

보 살 재 가   당 원 중 생
菩薩在家에   當願衆生이

지 가 성 공   면 기 핍 박
知家性空하야 免其逼迫하며

보살이 집에 있을 때에는

마땅히 중생이

집의 성품이 공한 줄을 알아서

그 핍박을 면하기를 원할지어다.

불교란 중생을 향한 보살의 끝없는 기대와 꿈과 발원을 생각하고 실천하는 것이다. 그래서 보살의 큰 서원은 깊고 넓기가 마치 바다와 같다. 바다와 같이 깊고 넓은 서원을 출가자든 재가자든 어떤 상황에서도 끝없이 펼치기를 바라는 것이다.

먼저 보살로서 집에 있을 때 가져야 할 서원이다. 만약 가정집에 살게 되면 보살은 중생들이 마땅히 집의 성품이 텅 비어 공한 줄을 알아서 집이라는 핍박에서 벗어나기를 서원해야 한다. 이것이 성불의 길을 가는 첫걸음이다.

효 사 부 모　　당 원 중 생
孝事父母에　　**當願衆生**이

선 사 어 불　　호 양 일 체
善事於佛하야　**護養一切**하며

부모를 효성으로 섬길 때에는
마땅히 중생이
부처님을 잘 섬겨서
일체를 보호하고 공양하기를 원할지어다.

보살은 어떤 일을 하든지 중생을 위하는 마음으로 가득해야 한다. 부모를 효성으로 섬기는 일도 중생과 연관시켜서 원을 세워야 한다.

처 자 집 회　　당 원 중 생
妻子集會에　　**當願衆生**이

원 친 평 등　　영 리 탐 착
怨親平等하야　　**永離貪着**하야

처자가 모일 때에는

마땅히 중생이

원수거나 친하거나 평등하여

길이 탐착을 여의기를 원할지어다.

　보살은 처자가 모였을 때도 저 많은 중생이 처자들을 사랑과 친화로써 대하듯이 원수와 친한 이를 평등하게 대하기를 서원해야 한다. 이와 같이 마음을 써야 비로소 보살이다.

약 득 오 욕　　당 원 중 생
若得五欲인댄　　**當願衆生**이

발 제 욕 전　　구 경 안 은
拔除欲箭하야　　**究竟安隱**하며

만약 오욕을 얻었을 때에는

마땅히 중생이

욕심의 화살을 빼어 버리고

구경에 안온하기를 원할지어다.

성불의 길에 들어선 보살은 자신의 병을 치유하고 자신의 문제를 다스리는 일을 떠난 지 이미 오래다. 설사 오욕을 만나더라도 마땅히 중생들이 욕심의 화살을 뽑아야 할 텐데 라는 생각뿐이다.

기 악 취 회   당 원 중 생
妓樂聚會에   **當願衆生**이

이 법 자 오   요 기 비 실
以法自娛하야   **了妓非實**하며

즐거운 놀이로 모일 때에는

마땅히 중생이

법으로써 스스로 즐기고

놀이가 진실이 아님을 알기를 원할지어다.

대승불교의 이상적인 사람, 즉 보살은 어떤 경우라도 참선이나 간경이나 염불이나 수식관으로써 자신의 문제를 해결하려는 것이 없다. 오로지 중생을 향한 간절한 기원뿐이다. 이렇게 마음을 쓰는 것이 부처님의 마음을 쓰는 것이다.

약 재 궁 실　　　당 원 중 생
若在宮室인댄　**當願衆生**이

입 어 성 지　　　영 제 예 욕
入於聖地하야　**永除穢欲**하며

만약 궁실에 있을 때에는

마땅히 중생이

성인의 지위에 들어가서

길이 더러운 욕망을 없애기를 원할지어다.

대승불교의 화두는 오로지 중생이다. 중생 외에는 다른 것을 생각하지 않는다. 현대에는 옛날에 비해서 중생들의 문제가 더욱 많다. 마음의 병이 한두 가지가 아니다. 그러므로 불교는 중생에 대한 화두를 더욱 힘껏 들어야 한다.

착 영 락 시   당 원 중 생
着瓔珞時에   **當願衆生**이

사 제 위 식   도 진 실 처
捨諸僞飾하야   **到眞實處**하며

영락을 걸칠 때에는

마땅히 중생이

모든 거짓 장식을 버리고

진실한 곳에 이르기를 원할지어다.

보살의 화두는 중생이다. 영락을 걸치거나 장엄구를 사용할 때도 오로지 중생이라는 화두를 생각해야 한다. 중생이라는 화두를 놓친 사람은 죽어도 죄가 되지 않는다고 하였다. 이와 같은 각오가 있어야 진정한 불교인이다.

상 승 누 각   당 원 중 생
上昇樓閣에   **當願衆生**이

승 정 법 루   철 견 일 체
昇正法樓하야   **徹見一切**하며

누각에 오를 때에는
마땅히 중생이
정법 누각에 올라서
일체를 철저히 보기를 원할지어다.

누각에 오르는 평범한 일상적인 일이라고 중생이라는
화두를 놓치겠는가. 중생이라는 화두는 생명보다 무거운
것이다.

약 유 소 시　　당 원 중 생
若有所施인댄　**當願眾生**이

일 체 능 사　　심 무 애 착
一切能捨하야　**心無愛着**하며

만약 보시하는 일이 있을 때에는
마땅히 중생이
일체를 능히 버리고
마음에 애착함이 없기를 원할지어다.

어떤 일에서건 중생을 생각하는 서원을 버리거나 잊어서는 보살이 아니다. 자나 깨나 중생이며, 앉으나 서나 중생이며, 가나 오나 중생이다. 중생만을 생각하는 것이 불교의 마음이다.

중 회 취 집　　당 원 중 생
衆會聚集에　**當願衆生**이

사 중 취 법　　성 일 체 지
捨衆聚法하야　**成一切智**하며

여러 대중이 모일 때에는

마땅히 중생이

여러 가지 모인 법을 버리고

일체 지혜를 이루기를 원할지어다.

중생은 불교의 화두며, 보살의 화두며, 부처님의 화두며, 모든 불자의 화두다. 이와 같이 중요한 화두를 버리고 어찌 살아 있는 생명체라 하겠는가.

약 재 액 난　　　당 원 중 생
若在厄難인댄　　**當願衆生**이

수 의 자 재　　　소 행 무 애
隨意自在하야　　**所行無礙**니라

만약 액난을 만날 때에는

마땅히 중생이

뜻을 따라 자재하여

행하는 것이 걸림이 없기를 원할지어다.

　설사 액난을 만나더라도 자신이 액난에 처한 것을 문제
삼지 않고 이러한 경우에도 역시 중생과 연관해서 서원을 하
는 것이 보살의 삶이다.

(2) 출가出家할 때의 서원

사 거 가 시　　　당 원 중 생
捨居家時에　　**當願衆生**이

출 가 무 애　　　심 득 해 탈
出家無礙하야　　**心得解脫**하며

살던 집을 버릴 때에는

마땅히 중생이

출가하여 걸림이 없어서

마음에 해탈 얻기를 원할지어다.

출가하는 사람이라고 해서 어찌 생명보다 중요한 중생이라는 화두를 잊어버리겠는가. 출가를 하거나 재가를 하거나 오직 한 가지 중생이라는 화두다.

입 승 가 람　　당 원 중 생
入僧伽藍에　　當願衆生이

연 설 종 종　　무 괴 쟁 법
演說種種의　　無乖諍法하며

절에 들어갈 때에는

마땅히 중생이

가지가지 어기거나

다툼이 없는 법을 연설하기를 원할지어다.

절에 들어가거나 절에서 나오거나 오직 한 생각, 중생이라는 화두다. 앉으나 서나 중생이라는 생각뿐이다. 나라를 빼앗겼을 때 독립지사가 생각하는 것은 오직 나라를 구할 마음뿐인 것과 같다.

예 대 소 사　　　당 원 중 생
詣大小師에　　**當願衆生**이

교 사 사 장　　　습 행 선 법
巧事師長하야　**習行善法**하며

크고 작은 스승께 나아갈 때에는
마땅히 중생이
스승을 잘 섬겨서
선법善法을 익혀 행하기를 원할지어다.

스승 노릇을 하거나 제자 노릇을 하거나 불교인이라면 무조건 한 가지 생각, 중생이라는 화두뿐이다. 다시 무엇을 분별하겠는가.

구 청 출 가   당 원 중 생
求請出家에   **當願衆生**이

득 불 퇴 법   심 무 장 애
得不退法하야   **心無障礙**하며

출가하기를 청할 때에는

마땅히 중생이

물러나지 않는 법을 얻어서

마음에 장애가 없기를 원할지어다.

자신이 출가를 하든 다른 이가 출가를 하든 역시 출가와
연관해서 생각하는 것은 중생뿐이다. 출가의 본래 취지도 어
떻게 하면 중생을 더 이롭게 할 것인가가 화두이다.

탈 거 속 복   당 원 중 생
脫去俗服에   **當願衆生**이

근 수 선 근   사 제 죄 액
勤修善根하야   **捨諸罪軛**하며

세속의 옷을 벗을 때에는

마땅히 중생이

선근을 부지런히 닦아서

모든 죄의 멍에를 버리기를 원할지어다.

체 제 수 발　　　당 원 중 생
剃除鬚髮에　　**當願衆生**이

영 리 번 뇌　　　구 경 적 멸
永離煩惱하야　**究竟寂滅**하며

수염과 머리털을 깎을 때에는

마땅히 중생이

영원히 번뇌를 떠나서

구경에 적멸하기를 원할지어다.

보살의 중생을 향한 비원은 이와 같다. 더 이상 무슨 다른 생각이 있으며 더 이상 무슨 훌륭한 생각이 있겠는가.

착 가 사 의　　　당 원 중 생
着袈裟衣에　　**當願衆生**이

심 무 소 염　　구 대 선 도
心無所染하야　**具大仙道**하며

가사를 입을 때에는

마땅히 중생이

마음이 물들지 아니하고

큰 신선의 도를 갖추기를 원할지어다.

정 출 가 시　　당 원 중 생
正出家時에　**當願衆生**이

동 불 출 가　　구 호 일 체
同佛出家하야　**救護一切**하며

출가를 결정하여 실행할 때에는

마땅히 중생이

부처님과 같이 출가하여

일체 중생을 구호하기를 원할지어다.

가사를 입거나 출가를 결정하여 실행할 때 모든 중생이
가사 입기를 서원하고 모든 중생이 부처님처럼 출가하기를
서원하라. 이것이 불자의 마음이다.

자 귀 어 불　　　당 원 중 생
自歸於佛에　　**當願衆生**이

소 룽 불 종　　　발 무 상 의
紹隆佛種하야　**發無上意**하며

스스로 부처님께 귀의할 때에는

마땅히 중생이

불법의 종자를 이어서 융성하게 하고

가장 높은 뜻을 펴기를 원할지어다.

자 귀 어 법　　　당 원 중 생
自歸於法에　　**當願衆生**이

심 입 경 장　　　지 혜 여 해
深入經藏하야　**智慧如海**하며

스스로 법에 귀의할 때에는

마땅히 중생이

경장經藏에 깊이 들어가

지혜가 바다와 같아지기를 원할지어다.

자 귀 어 승　　당 원 중 생
自歸於僧에　　**當願眾生**이

통 리 대 중　　일 체 무 애
統理大眾호대　　**一切無礙**하며

스스로 승보僧寶에 귀의할 때에는

마땅히 중생이

대중을 통솔하고 다스리되

일체에 걸림이 없기를 원할지어다.

자신이 삼보에 귀의할 때도 마땅히 중생이 불법의 종자
를 이어서 융성하게 하고, 경장經藏에 깊이 들어가 지혜가 바
다와 같아지게 하고, 대중을 통솔하게 하기를 서원하는 것
이 보살의 마음이다.

수 학 계 시　　당 원 중 생
受學戒時에　　**當願眾生**이

선 학 어 계　　부 작 중 악
善學於戒하야　　**不作眾惡**하며

계율을 받아 배울 때에는

마땅히 중생이

계율을 잘 배워서

온갖 악을 짓지 않기를 원할지어다.

수사려교　　당원중생
受闍黎教에　　當願衆生이

구족위의　　소행진실
具足威儀하야　所行眞實하며

아사리의 가르침을 받을 때에는

마땅히 중생이

위의威儀를 갖추어서

행하는 것이 진실하기를 원할지어다.

수화상교　　당원중생
受和尙敎에　　當願衆生이

입무생지　　도무의처
入無生智하야　到無依處하며

화상和尙의 가르침을 받을 때에는

마땅히 중생이

생멸이 없는 지혜에 들어가서

의지할 데 없는 곳에 이르기를 원할지어다.

수 구 족 계　　당 원 중 생
受具足戒에　**當願衆生**이

구 제 방 편　　득 최 승 법
具諸方便하야　**得最勝法**이니라

구족계를 받을 때에는

마땅히 중생이

모든 방편을 갖추어서

가장 수승한 법 얻기를 원할지어다.

　출가를 하게 되면 계율을 배우고 아사리와 화상에게 가
르침을 받고 다시 구족계를 받는다. 이와 같은 절차를 하나
하나 밟아 오를 때마다 일일이 중생을 떠올리면서 서원을 세
워야 한다. 출가 수행자는 더욱 한시라도 중생을 잊어서는
안 된다.

(3) 좌선坐禪할 때의 서원

약 입 당 우　　　당 원 중 생
若入堂宇인댄　**當願衆生**이

승 무 상 당　　　안 주 부 동
昇無上堂하야　**安住不動**하며

만약 당우堂宇에 들어갈 때에는

마땅히 중생이

가장 높은 당우에 올라

편안히 머물러 움직이지 않기를 원할지어다.

약 부 상 좌　　　당 원 중 생
若敷床座인댄　**當願衆生**이

개 부 선 법　　　견 진 실 상
開敷善法하야　**見眞實相**하며

만약 상좌床座를 펼 때에는

마땅히 중생이

선법을 열어 펼쳐서

진실한 모양 보기를 원할지어다.

정 신 단 좌　　당 원 중 생
正身端坐에　　**當願衆生**이

좌 보 리 좌　　심 무 소 착
坐菩提座하야　　**心無所着**하며

몸을 바르게 하고 단정히 앉을 때에는

마땅히 중생이

깨달음의 자리에 앉아서

마음에 집착하는 바가 없기를 원할지어다.

결 가 부 좌　　당 원 중 생
結跏趺坐에　　**當願衆生**이

선 근 견 고　　득 부 동 지
善根堅固하야　　**得不動地**하며

결가부좌하고 앉을 때에는

마땅히 중생이

선근善根이 견고하여

흔들리지 않는 지위를 얻기를 원할지어다.

수 행 어 정　　당 원 중 생
修行於定에　　**當願眾生**이

이 정 복 심　　구 경 무 여
以定伏心하야　　**究竟無餘**하며

선정禪定을 닦아 행할 때에는

마땅히 중생이

선정으로써 마음을 조복하여

구경究竟에 남음이 없기를 원할지어다.

약 수 어 관　　당 원 중 생
若修於觀인댄　　**當願眾生**이

견 여 실 리　　영 무 괴 쟁
見如實理하야　　**永無乖諍**하며

만약 관법觀法을 닦을 때에는

마땅히 중생이

실상實相과 같은 이치를 보아서

길이 어기거나 다툼이 없기를 원할지어다.

사 가 부 좌　　　당 원 중 생
捨跏趺坐에　　**當願衆生**이

관 제 행 법　　　실 귀 산 멸
觀諸行法이　　**悉歸散滅**이니라

가부좌를 풀고 앉을 때에는

마땅히 중생이

모든 행법行法이 다 흩어져

소멸함으로 돌아가는 것을 보기를 원할지어다.

좌선坐禪할 때의 서원을 밝혔다. 좌선이든 참선이든 위빠
사나든 염불이든 중생을 위한 뜨거운 서원을 잊으면 그것은
좌선도 아니고 참선도 아니고 위빠사나도 아니고 불교도 아
니다. 오로지 중생, 중생, 중생이 있을 뿐이다.

(4) 걸어 다닐 때의 서원

하 족 주 시　　　당 원 중 생
下足住時에　　**當願衆生**이

심 득 해 탈　　안 주 부 동
心得解脫하야　**安住不動**하며

발을 내려 머무를 때에는

마땅히 중생이

마음에 해탈을 얻어서

편안히 머물러 움직이지 않기를 원할지어다.

약 거 어 족　　당 원 중 생
若擧於足인댄　**當願衆生**이

출 생 사 해　　구 중 선 법
出生死海하야　**具衆善法**하며

만약 발을 들 때에는

마땅히 중생이

생사의 바다를 벗어나

온갖 선법 갖추기를 원할지어다.

착 하 군 시　　당 원 중 생
着下裙時에　**當願衆生**이

복 제 선 근　　구 족 참 괴
服諸善根하야　**具足慚愧**하며

아래옷을 입을 때에는

마땅히 중생이

모든 선근을 입어서

부끄러움을 갖추기를 원할지어다.

정 의 속 대　　당 원 중 생
整衣束帶에　**當願衆生**이

검 속 선 근　　불 령 산 실
檢束善根하야　**不令散失**하며

옷을 정돈하고 띠를 맬 때에는

마땅히 중생이

선근을 살피고 단속하여

흩어지거나 잃어버리지 않기를 원할지어다.

약 착 상 의　　당 원 중 생
若着上衣인댄　**當願衆生**이

획 승 선 근　　지 법 피 안
獲勝善根하야　**至法彼岸**하며

만약 윗옷을 입을 때에는

마땅히 중생이

수승한 선근을 얻어서

법의 저 언덕에 이르기를 원할지어다.

착 승 가 려　　당 원 중 생
着僧伽黎에　**當願衆生**이

입 제 일 위　　득 부 동 법
入第一位하야　**得不動法**이니라

승가리僧伽梨를 걸칠 때에는

마땅히 중생이

제일위第一位에 들어가서

움직이지 않는 법 얻기를 원할지어다.

걸어 다닐 때의 서원을 밝혔다. 그야말로 일거수일투족

의 움직임마다 오로지 중생들이 잘되기만을 바라는 마음이

다. 옷을 입든 옷을 벗든 속옷이든 겉옷이든 속복이든 가사
든 중생을 위해서 서원하는 마음이 충만해야 한다.

(5) 용변 보고 손을 씻을 때의 서원

수 집 양 지　　당 원 중 생
手執楊枝에　**當願衆生**이

개 득 묘 법　　구 경 청 정
皆得妙法하야　**究竟淸淨**하며

손으로 양칫대를 잡을 때에는

마땅히 중생이

모두 묘한 법을 얻어서

구경에 청정하기를 원할지어다.

작 양 지 시　　당 원 중 생
嚼楊枝時에　**當願衆生**이

기 심 조 정　　서 제 번 뇌
其心調淨하야　**噬諸煩惱**하며

양칫대를 씹을 때에는

마땅히 중생이

그 마음이 고르고 깨끗하여

모든 번뇌 씹기를 원할지어다.

대소변시　　　당원중생
大小便時에　**當願衆生**이

기탐진치　　　견제죄법
棄貪瞋癡하야　**蠲除罪法**하며

대소변을 볼 때에는

마땅히 중생이

탐진치를 버려서

죄업罪業을 깨끗이 없애기를 원할지어다.

사흘취수　　　당원중생
事訖就水에　**當願衆生**이

출세법중　　　속질이왕
出世法中에　**速疾而往**하며

일을 마치고 물에 나아갈 때에는

마땅히 중생이

출세간법 가운데

빨리 가기를 원할지어다.

세 척 형 예　　당 원 중 생
洗滌形穢에　　當願衆生이

청 정 조 유　　필 경 무 구
清淨調柔하야　　畢竟無垢하며

몸의 더러운 것을 씻을 때에는

마땅히 중생이

청정하고 부드러워

철저히 때가 없기를 원할지어다.

이 수 관 장　　당 원 중 생
以水盥掌에　　當願衆生이

득 청 정 수　　수 지 불 법
得清淨手하야　　受持佛法하며

물로 손을 씻을 때에는

마땅히 중생이

청정한 손을 얻어서

불법佛法을 받아 지니기를 원할지어다.

이 수 세 면　　　당 원 중 생
以水洗面에　　**當願衆生**이

득 정 법 문　　　영 무 구 염
得淨法門하야　**永無垢染**이니라

물로 얼굴을 씻을 때에는

마땅히 중생이

청정한 법문을 얻어서

영원히 더러움에 물듦이 없기를 원할지어다.

　심지어 대소변을 볼 때까지 중생이 잘되기만을 서원한
다. 양치질을 하거나 손을 씻거나 얼굴을 씻는, 무심코 하
게 되는 일체 일에서까지 중생을 위하는 마음을 잊으면 안
된다.

(6) 걸식할 때의 서원

수 집 석 장   당 원 중 생
手執錫杖에   **當願衆生**이

설 대 시 회   시 여 실 도
設大施會하야   **示如實道**하며

손으로 석장錫杖을 잡을 때에는

마땅히 중생이

크게 보시하는 모임을 베풀어서

실상과 같은 도를 보이기를 원할지어다.

집 지 응 기   당 원 중 생
執持應器에   **當願衆生**이

성 취 법 기   수 천 인 공
成就法器하야   **受天人供**하며

응기應器를 집어 가질 때에는

마땅히 중생이

법의 그릇을 성취하여

천신들과 사람의 공양 받기를 원할지어다.

발 지 향 도　　　당 원 중 생
發趾向道에　　**當願衆生**이

취 불 소 행　　　입 무 의 처
趣佛所行하야　**入無依處**하며

발을 내디뎌 길을 향할 때에는

마땅히 중생이

부처님이 행하시던 데로 나아가

의지할 데 없는 곳에 들어가기를 원할지어다.

약 재 어 도　　　당 원 중 생
若在於道인댄　**當願衆生**이

능 행 불 도　　　향 무 여 법
能行佛道하야　**向無餘法**하며

만약 길에 있을 때에는

마땅히 중생이

능히 불도를 행하여

남음이 없는 법에 향하기를 원할지어다.

섭 로 이 거 　　당 원 중 생
涉路而去에　　**當願衆生**이

이 정 법 계 　　심 무 장 애
履淨法界하야　　**心無障礙**하며

길을 걸을 때에는

마땅히 중생이

청정한 법계를 밟아서

마음에 장애가 없기를 원할지어다.

견 승 고 로 　　당 원 중 생
見昇高路에　　**當願衆生**이

영 출 삼 계 　　심 무 겁 약
永出三界하야　　**心無怯弱**하며

높은 길에 올라가게 될 때에는

마땅히 중생이

길이 삼계를 벗어나서

마음에 겁약怯弱함이 없기를 원할지어다.

견 취 하 로　　　당 원 중 생
見趣下路에　　**當願衆生**이

기 심 겸 하　　　장 불 선 근
其心謙下하야　**長佛善根**하며

낮은 길에 나아가게 될 때에는

마땅히 중생이

그 마음이 겸손하고 하심下心하여

부처님의 선근을 장양長養하기를 원할지어다.

견 사 곡 로　　　당 원 중 생
見斜曲路에　　**當願衆生**이

사 불 정 도　　　영 제 악 견
捨不正道하야　**永除惡見**하며

비탈지고 굽은 길을 볼 때에는

마땅히 중생이

바르지 않은 길을 버려서

길이 나쁜 소견 없애기를 원할지어다.

약 견 직 로　　당 원 중 생
若見直路인댄　**當願衆生**이

기 심 정 직　　무 첨 무 광
其心正直하야　**無諂無誑**하며

만약 곧은길을 볼 때에는

마땅히 중생이

그 마음이 바르고 곧아서

아첨 없고 속임 없기를 원할지어다.

견 로 다 진　　당 원 중 생
見路多塵에　**當願衆生**이

원 리 진 분　　획 청 정 법
遠離塵坌하야　**獲淸淨法**하며

길에 먼지가 많음을 볼 때에는

마땅히 중생이

번뇌를 멀리 떠나서

청정한 법 얻기를 원할지어다.

견 로 무 진　　　당 원 중 생
見路無塵에　　**當願衆生**이

상 행 대 비　　　기 심 윤 택
常行大悲하야　**其心潤澤**하며

길에 먼지가 없음을 볼 때에는

마땅히 중생이

항상 큰 자비를 행하여

그 마음이 윤택하기를 원할지어다.

약 견 험 도　　　당 원 중 생
若見險道인댄　**當願衆生**이

주 정 법 계　　　이 제 죄 난
住正法界하야　**離諸罪難**이니라

만약 험한 길을 볼 때에는

마땅히 중생이

바른 법계에 머물러서

모든 죄와 재앙을 여의기를 원할지어다.

약 견 중 회　　　당 원 중 생
若見衆會인댄　**當願衆生**이

설 심 심 법　　　일 체 화 합
說甚深法하야　**一切和合**하며

만약 대중이 모인 것을 볼 때에는

마땅히 중생이

깊고 깊은 법을 설하여

일체 중생들이 화합하기를 원할지어다.

약 견 대 주　　　당 원 중 생
若見大柱인댄　**當願衆生**이

이 아 쟁 심　　　무 유 분 한
離我諍心하야　**無有忿恨**이니라

만약 큰 기둥을 볼 때에는

마땅히 중생이

나를 내세워 다투는 마음을 여의어서

성내고 원망하는 마음이 없기를 원할지어다.

불교에서는 "나는 없다."라는 무아無我를 많이 거론한다.

어떤 것이 무아인가. 일체 사와 일체 처에서 오로지 중생만을 생각하고 자기 자신을 생각하는 일이 이미 없어진 지 오래인 보살의 마음일 때 진정 무아이다. 이러한 원인과 저러한 조건으로 이뤄진 것이 나이기 때문에 그와 같은 인연이 흩어지면 무아로 돌아가는 차원의 무아와는 전혀 다르다.

(7) 산림山林에 들어갈 때의 서원

약 견 총 림
若見叢林인댄　　**當願衆生**이
　　　　　　당 원 중 생

제 천 급 인
諸天及人의　　**所應敬禮**하며
　　　　　　소 응 경 례

만약 총림叢林을 볼 때에는

마땅히 중생이

모든 천신과 사람들에게

응당 공경하고 예배하는 바가 되기를 원할지어다.

약 견 고 산　　당 원 중 생
若見高山인댄　**當願衆生**이

선 근 초 출　　무 능 지 정
善根超出하야　**無能至頂**하며

만약 높은 산을 볼 때에는

마땅히 중생이

선근이 뛰어나서

능히 정상에 이름이 없기를 원할지어다.

견 극 자 수　　당 원 중 생
見棘剌樹에　**當願衆生**이

질 득 전 제　　삼 독 지 자
疾得蔲除　**三毒之剌**하며

가시나무를 볼 때에는

마땅히 중생이

빨리 삼독의 가시를

제거할 수 있기를 원할지어다.

견 수 엽 무　　당 원 중 생
見樹葉茂에　**當願眾生**이

이 정 해 탈　　이 위 음 영
以定解脫로　**而爲蔭暎**하며

나무의 잎이 무성함을 볼 때에는

마땅히 중생이

선정과 해탈로써

그늘이 드리워지기를 원할지어다.

약 견 화 개　　당 원 중 생
若見華開인댄　**當願眾生**이

신 통 등 법　　여 화 개 부
神通等法이　**如華開敷**하며

만약 꽃이 피는 것을 볼 때에는

마땅히 중생이

신통과 여러 법이

꽃과 같이 피기를 원할지어다.

약 견 수 화   당 원 중 생
若見樹華인댄   當願衆生이

중 상 여 화   구 삼 십 이
衆相如華하야   具三十二하며

만약 꽃이 핀 나무를 볼 때에는

마땅히 중생이

여러 상호가 꽃과 같아서

32상이 구족하기를 원할지어다.

약 견 과 실   당 원 중 생
若見果實인댄   當願衆生이

획 최 승 법   증 보 리 도
獲最勝法하야   證菩提道하며

만약 열매를 볼 때에는

마땅히 중생이

가장 수승한 법을 얻어서

보리도菩提道 증득하기를 원할지어다.

산림에 들어갈 때의 서원이다. 수행자는 산 속이나 숲 속에서 사는 경우가 많다. 그와 같은 환경에서 산다면 가장 먼저 눈에 들어오는 것이 숲과 높은 산과 가시넝쿨과 나무의 잎과 줄기와 열매일 것이다. 이러한 자연 현상을 볼 때도 한 가지도 놓치지 아니하고 중생과 연관시켜서 서원을 세우라는 것이다.

약 견 대 하　　　당 원 중 생
若見大河인댄　　**當願衆生**이

득 예 법 류　　　입 불 지 해
得預法流하야　　**入佛智海**하며

만약 큰 강을 볼 때에는

마땅히 중생이

법의 흐름에 참예하여

부처님의 지혜바다에 들어가기를 원할지어다.

약 견 피 택　　　당 원 중 생
若見陂澤인댄　　**當願衆生**이

질 오 제 불　　　일 미 지 법
疾悟諸佛의　　**一味之法**하며

만약 늪을 볼 때에는

마땅히 중생이

모든 부처님의 일미一味의 법을

빨리 깨닫기를 원할지어다.

약 견 지 소　　　당 원 중 생
若見池沼인댄　**當願衆生**이

어 업 만 족　　　교 능 연 설
語業滿足하야　**巧能演說**하며

만약 연못을 볼 때에는

마땅히 중생이

어업語業이 만족하여

교묘히 연설하기를 원할지어다.

약 견 급 정　　　당 원 중 생
若見汲井인댄　**當願衆生**이

구 족 변 재　　연 일 체 법
具足辯才하야　**演一切法**하며

만약 물을 긷는 우물을 볼 때에는

마땅히 중생이

변재를 갖추어서

온갖 법을 연설하기를 원할지어다.

약 견 용 천　　당 원 중 생
若見湧泉인댄　**當願衆生**이

방 편 증 장　　선 근 무 진
方便增長하야　**善根無盡**하며

만약 솟아오르는 샘물을 볼 때에는

마땅히 중생이

방편을 증장增長하여

선근이 다함없기를 원할지어다.

약 견 교 도　　당 원 중 생
若見橋道인댄　**當願衆生**이

광 도 일 체　　　유 여 교 량
廣度一切를　**猶如橋梁**하며

만약 다리 놓인 길을 볼 때에는

마땅히 중생이

널리 일체 중생을 제도함에

마치 다리와 같이 하기를 원할지어다.

약 견 유 수　　　당 원 중 생
若見流水인댄　**當願眾生**이

득 선 의 욕　　　세 제 혹 구
得善意欲하야　**洗除惑垢**하며

만약 흘러가는 물을 볼 때에는

마땅히 중생이

좋은 의욕을 얻어서

의혹의 때를 씻어 제거하기를 원할지어다.

큰 강과 연못과 우물과 늪과 솟아오르는 샘물과 흘러가
는 물과 건너는 다리 등을 볼 때에도 낱낱이 중생들이 이러

이러했으면 하는 간절한 비원을 세워야 비로소 진정한 보살
이며 불교인이다.

견 수 원 포　　당 원 중 생
見修園圃에　**當願衆生**이

오 욕 포 중　　운 제 애 초
五欲圃中에　**耘除愛草**하며

원두밭 매는 것을 볼 때에는

마땅히 중생이

오욕의 원두밭 가운데

애욕의 풀을 뽑아 제거하기를 원할지어다.

견 무 우 림　　당 원 중 생
見無憂林에　**當願衆生**이

영 리 탐 애　　불 생 우 포
永離貪愛하야　**不生憂怖**하며

무우수無憂樹나무 숲을 볼 때에는

마땅히 중생이

길이 탐욕과 애착을 여의고

근심과 두려움이 생기지 않기를 원할지어다.

약 견 원 원　　당 원 중 생
若見園苑인댄　**當願衆生**이

근 수 제 행　　취 불 보 리
勤修諸行하야　**趣佛菩提**니라

만약 공원을 볼 때에는

마땅히 중생이

모든 행을 부지런히 닦아서

부처님의 깨달음에 나아가기를 원할지어다.

수행자는 원두밭에 나가서 채소를 가꾸는 경우도 있고 숲 속이나 공원을 거닐기도 한다. 이와 같은 일상에서도 한 순간도 놓치지 말고 중생과 연관시켜서 생각하고 낱낱이 그 것에 알맞은 서원을 세우라는 것이다.

(8) 사람을 대할 때의 서원

견 엄 식 인
見嚴飾人에

당 원 중 생
當願衆生이

삼 십 이 상
三十二相으로

이 위 엄 호
以爲嚴好하며

장엄으로 장식한 사람을 볼 때에는

마땅히 중생이

32상으로

장엄함을 좋아하기를 원할지어다.

옷을 잘 차려입고 화장도 화려하게 하고 온갖 장식물을
걸치고 있는 사람을 볼 때에는 무엇을 생각해야 할까. 중생
들도 정법을 깨달아 잘 실천하여 부처님이 되어 부처님처럼
32상으로 장엄할 수 있었으면 하는 서원을 간절히 세우라
는 뜻이다. 보살이 어찌 명품으로 사치할 것을 꿈엔들 생각
하랴.

견 무 엄 식
見無嚴飾에

당 원 중 생
當願衆生이

사 제 식 호　　　구 두 타 행
捨諸飾好하고　**具頭陀行**하며

장엄으로 장식하지 않음을 볼 때에는

마땅히 중생이

모든 장식하기 좋아함을 버리고

두타행頭陀行 갖추기를 원할지어다.

　두타행頭陀行[2]이란 두수抖擻라고 번역한다. 모두 떨어

버린다는 뜻이다. 열두 가지의 떨어 버리는 수행 방법이다.

장식을 잘 하고 다니는 사람을 보면 중생들이 부처님처럼

---

2) 두수抖擻라고 번역한다. 구체적인 방법으로는 12두타행·13두타행·16두타
행·25두타행 등이 있으나 가장 기본적인 것은 12두타행으로 다음과 같다.
① 속세와 떨어진 고요한 곳에 머무는 것[在阿蘭若處] ② 왕이나 신도들의 공양
을 따로 받지 않고서 항상 걸식만 하는 것[常行乞食] ③ 하루에 일곱 집만 부자
와 가난한 자를 가리지 않고 차례로 찾아가 걸식을 하며, 만일 음식을 얻지 못
했을 경우에는 굶는 것[次第乞食] ④ 하루에 한 자리에서 한 번만 식사하는 것
[受一食法] ⑤ 발우에 담긴 음식만으로 배고픔을 면할 정도만 먹는 것[節量食]
⑥ 정오가 지나면 음료 등도 마시지 않는 것[中後不得飲漿] ⑦ 좋은 옷을 입지
않고 분소의糞掃衣만 걸치는 것[着弊衲衣] ⑧ 삼의三衣만 입는 것[但三衣] ⑨ 무
덤에서 머무는 것[塚間住] ⑩ 나무 밑에서만 쉬는 것[樹下止] ⑪ 노천에서만 앉
는 것[露地座] ⑫ 앉기만 하고 눕지 않는 것[但座不臥]이다. 이러한 수행은 그 목
적이 세속의 욕망을 떨쳐 버리기 위한 것이지, 억지로 육신을 괴롭혀서 천상에
태어나는 것 등을 위한 것이 아니라는 점에서 인도의 전통적인 고행과는 다르
다. 석가모니의 10대 제자 가운데 가섭존자迦葉尊者가 두타행을 가장 잘 닦았
기 때문에 두타제일頭陀第一이라고 한다.

32상으로 장엄할 것을 염원하고, 소박하고 검소한 사람을 보면 모든 번뇌를 떨어 버리는 수행자가 되기를 염원함을 밝혔다. 무엇을 보든 이와 같이 중생과 연관시켜서 서원한다.

見樂着人_에　當願衆生_이

以法自娛_{하야}　歡愛不捨_{하며}

즐거움에 집착하는 사람을 볼 때에는

마땅히 중생이

법으로써 스스로 즐겨하여

기뻐하고 사랑해서 버리지 않기를 원할지어다.

見無樂着_에　當願衆生_이

有爲事中_에　心無所樂_{하며}

즐거움에 집착하지 않는 사람을 볼 때에는

마땅히 중생이

함이 있는[有爲] 일 가운데서

마음에 즐겨함이 없기를 원할지어다.

이 세상에는 참으로 여러 종류의 사람들이 있다. 특히 좋아하는 것이나 취미를 보면 각양각색이다. 놀이에 집착하는 것도 여러 가지며 그 좋아하는 정도도 모두 다르다. 세상일을 좋아하듯이 불법을 좋아한다면 모두가 수행자가 될 것이다. 옛말에 "사람이 이성을 좋아하듯이 수행을 좋아하면 도를 이루지 못할 사람이 없다."라고 하였다. 그래서 보살은 중생들의 그와 같은 모습을 보면 법으로써 스스로 즐겨하여 기뻐하고 사랑해서 버리지 않기를 원하는 것이다.

반대로 세상사에 아무런 즐거움이 없는 사람도 있다. 이러한 사람에게는 함이 있는[有爲] 일에는 마음에 즐겨함이 없기를 원하는 것이다.

견 환 락 인   당 원 중 생
見歡樂人에   當願衆生이

상 득 안 락　　　낙 공 양 불
常得安樂하야　**樂供養佛**하며

기뻐하고 즐기는 사람을 볼 때에는

마땅히 중생이

항상 안락을 얻어서

부처님께 즐겨 공양하기를 원할지어다.

견 고 뇌 인　　　당 원 중 생
見苦惱人에　**當願衆生**이

획 근 본 지　　　멸 제 중 고
獲根本智하야　**滅除衆苦**하며

고뇌하는 사람을 볼 때에는

마땅히 중생이

근본지根本智를 얻어서

온갖 고통 소멸하기를 원할지어다.

기뻐하는 사람과 고뇌하는 사람, 그 어떤 사람을 보더라

도 불법과 연관해서 서원을 세우는 마음이 불자의 마음이다.

견 무 병 인　　당 원 중 생
見無病人에　　**當願眾生**이

입 진 실 혜　　영 무 병 뇌
入眞實慧하야　　**永無病惱**하며

병이 없는 사람을 볼 때에는

마땅히 중생이

진실한 지혜에 들어가서

길이 병이 없기를 원할지어다.

견 질 병 인　　당 원 중 생
見疾病人에　　**當願眾生**이

지 신 공 적　　이 괴 쟁 법
知身空寂하야　　**離乖諍法**하며

병든 사람을 볼 때에는

마땅히 중생이

몸이 공적함을 알아서

어기고 다투는 법 떠나기를 원할지어다.

병이 없이 건강한 사람이나 병고를 앓는 사람이나 보살

의 눈으로 보면 모두가 불법과 알맞게 연관되는 일이 떠오를 것이다. 결코 잊지 말고 서원을 세우라.

견단정인   당원중생
見端正人에   當願衆生이

어불보살   상생정신
於佛菩薩에   常生淨信하며

단정한 사람을 볼 때에는

마땅히 중생이

부처님과 보살에게

항상 깨끗한 믿음 내기를 원할지어다.

견추루인   당원중생
見醜陋人에   當願衆生이

어불선사   불생락착
於不善事에   不生樂着하며

누추한 사람을 볼 때에는

마땅히 중생이

좋지 못한 일에
즐겨 집착하지 않기를 원할지어다.

단정한 사람을 보면 무엇이 떠올라야 하는가. 중생들이
부처님과 보살에게 청정한 믿음 내기를 서원하는 마음이 나
야 한다. 반대로 누추한 사람을 보면 누추한 모습을 사람
들이 싫어하듯이 중생들이 선량하지 못한 일에는 싫어하고
집착하지 않는 마음 내기를 서원해야 한다.

견 보 은 인　　당 원 중 생
見報恩人에　　**當願衆生**이

어 불 보 살　　능 지 은 덕
於佛菩薩에　　**能知恩德**하며

은혜 갚는 사람을 볼 때에는
마땅히 중생이
부처님과 보살에게
능히 은덕 알기를 원할지어다.

견 배 은 인　　당 원 중 생
見背恩人에　　**當願衆生**이

어 유 악 인　　불 가 기 보
於有惡人에　　**不加其報**하며

은혜를 배반하는 사람을 볼 때에는

마땅히 중생이

악한 사람에게

그 앙갚음을 하지 않기를 원할지어다.

　은혜 갚는 사람을 볼 때에는 모든 중생이 불보살의 은혜
를 알았으면 하고, 배은망덕한 사람을 볼 때에는 중생들이
설사 부당한 피해를 입었더라도 절대 앙갚음을 하지 말았으
면 하는 희망과 소원을 갖는 것이다.

약 견 사 문　　당 원 중 생
若見沙門인댄　　**當願衆生**이

조 유 적 정　　필 경 제 일
調柔寂靜하야　　**畢竟第一**하며

만약 사문을 볼 때에는

마땅히 중생이

조화롭고 부드럽고 고요해서

끝내 제일가는 사람이 되기를 원할지어다.

견 바 라 문　　　당 원 중 생
見婆羅門에　　**當願衆生**이

영 지 범 행　　　이 일 체 악
永持梵行하야　**離一切惡**하며

바라문을 볼 때에는

마땅히 중생이

길이 범행梵行을 지녀서

모든 악惡을 떠나기를 원할지어다.

견 고 행 인　　　당 원 중 생
見苦行人에　　**當願衆生**이

의 어 고 행　　　지 구 경 처
依於苦行하야　**至究竟處**하며

고행하는 사람을 볼 때에는
마땅히 중생이
고행을 의지해서
구경究竟의 곳에 이르기를 원할지어다.

사문이나 바라문이나 고행인은 모두 종교에 속해 있는 수행자다. 수행자는 누구나 부귀공명을 떠나서 정신적 자유와 평화를 인생 최고의 가치라 생각하고 살아가는 사람들이다. 그러므로 조화롭고 부드럽고 고요히 살며, 또한 청정한 범행을 지니며, 난행과 고행으로 궁극적 평화에 이르려는 것이다. 모든 중생이 이렇게 살았으면 하는 바람이다.

견 조 행 인　　당 원 중 생
見操行人에　**當願衆生**이

견 지 지 행　　불 사 불 도
堅持志行하야　**不捨佛道**하며

조행操行이 있는 사람을 볼 때에는
마땅히 중생이

뜻있는 행을 굳게 가져서
불도佛道를 버리지 않기를 원할지어다.

태도와 행실이 점잖으며 빼어난 사람을 보면 그가 하는 모습만으로 사람들에게 감동을 준다. 마승馬勝이라는 비구의 탁발하는 모습을 보고 사리불과 목건련이 감화를 받아 부처님의 제자가 되었던 사례가 있다. 이웃집 아이들의 착한 모습을 보고 자기의 자녀들이 따라 하기를 바라는 마음과 같다.

견 착 갑 주　　당 원 중 생
見着甲冑에　　當願衆生이

상 복 선 개　　취 무 사 법
常服善鎧하고　　趣無師法하며

갑옷 입은 사람을 볼 때에는
마땅히 중생이
항상 선행善行의 갑옷을 입고
스승 없는 법에 나아가기를 원할지어다.

견 무 개 장　　당 원 중 생
見無鎧仗에　**當願衆生**이

영 리 일 체　　불 선 지 업
永離一切　**不善之業**하며

갑옷을 입지 않은 사람을 볼 때에는

마땅히 중생이

온갖 착하지 못한 업業을

길이 떠나기를 원할지어다.

갑옷이란 무기로부터 몸을 보호해 주는 방어막이다. 선행이야말로 자기 자신을 가장 잘 보호해 주는 갑옷이다. 항상 선행의 갑옷으로 스스로를 무장한 사람에게는 다른 사람이 가르칠 일이 없다. 그래서 스승 없는 법[無師法]이다. 갑옷 입은 사람이나 갑옷을 입지 않은 사람을 보고도 이와 같은 서원을 하는 것이 보살이다.

견 논 의 인　　당 원 중 생
見論議人에　**當願衆生**이

어 제 이 론　　실 능 최 복
於諸異論에　**悉能摧伏**하며

논의하는 사람을 볼 때에는
마땅히 중생이
모든 다른 이론을 다 능히
꺾어 항복받기를 원할지어다.

　모든 논의를 다 꺾을 수 있는 이론에는 무엇이 있을까?
제법실상의 이치를 밝게 깨달은 사람의 지혜로 조리 정연하
게 상대를 납득시키는 논리다. 모든 중생이 제법실상의 이치
를 밝게 깨달아 일체 세간의 논의를 다 항복받기를 바라는
마음이다.

견 정 명 인　　당 원 중 생
見正命人에　**當願眾生**이

득 청 정 명　　불 교 위 의
得清淨命하야　**不矯威儀**하며

바르게 사는 사람을 볼 때에는

마땅히 중생이

청정한 목숨을 얻어서

거짓 위의威儀를 차리지 않기를 원할지어다.

바르게 사는 사람이란 팔정도 중에서 정명正命을 뜻한다.
목숨을 정당하게 이어 가는 사람, 즉 살기 위해서 부당한 일
을 저지르지 않는 사람을 보면 청정한 목숨으로 삶을 정당
하게 영위해 가기를 서원한다.

약 견 어 왕　　　당 원 중 생
若見於王인댄　**當願衆生**이

득 위 법 왕　　　항 전 정 법
得爲法王하야　**恒轉正法**하며

만약 왕을 볼 때에는

마땅히 중생이

법왕이 되어서

항상 정법 굴리기를 원할지어다.

왕을 보거나 대통령을 보거나 큰 그룹의 회장을 보거나 사장을 보거나 단체의 장이나 모임의 우두머리를 볼 때에는 언제나 중생들이 법왕이 되고 보살들의 상수가 되어 정법의 바퀴를 굴려서 중생을 제도하는 사람이 되기를 발원할지니라.

약 견 왕 자
若見王子인댄
당 원 중 생
當願衆生이

종 법 화 생
從法化生하야
이 위 불 자
而爲佛子하며

만약 왕자를 볼 때에는

마땅히 중생이

법으로부터 화생化生해서

부처님의 자식이 되기를 원할지어다.

왕자는 왕으로부터 태어난 사람이다. 그와 같이 불교인은 부처님의 가르침으로부터 다시 태어나는 사람이 되어야 한다. 그것이 의법출생依法出生이며 법으로부터 화생化生한 것이다.

약 견 장 자　　당 원 중 생
若見長者인댄　**當願衆生**이

선 능 명 단　　불 행 악 법
善能明斷하야　**不行惡法**하며

만약 장자를 볼 때에는

마땅히 중생이

선善을 능히 밝게 판단해서

악법惡法 행하지 않기를 원할지어다.

약 견 대 신　　당 원 중 생
若見大臣인댄　**當願衆生**이

항 수 정 념　　습 행 중 선
恒守正念하야　**習行衆善**이니라

만약 대신을 볼 때에는

마땅히 중생이

항상 바른 생각을 지켜서

온갖 선을 익히고 행하기를 원할지어다.

장자를 보는 일이나 대신을 보는 일은 모두 선과 악의 문제이다. 선행은 무엇이고 악행은 무엇인지를 잘 판단하여 실천에 옮기기를 발원하는 것이다.

(9) 걸식하러 갈 때의 서원

약 견 성 곽
若見城郭인댄
당 원 중 생
當願衆生이

득 견 고 신
得堅固身하야
심 무 소 굴
心無所屈하며

만약 성곽을 볼 때에는

마땅히 중생이

견고한 몸을 얻어서

마음에 굽히는 것이 없기를 원할지어다.

전통적으로 수행자는 발우를 들고 마을에 들어가서 걸식을 한다. 이때 마을을 둘러싼 성곽을 볼 것이다. 성곽은 견고하다. 외적이 쳐들어오더라도 결코 무너지지 않는다.
중생들도 그와 같은 견고한 몸을 얻었으면 하는 바람이다.

약 견 왕 도 　　당 원 중 생
若見王都인댄　**當願衆生**이

공 덕 공 취 　　심 항 희 락
功德共聚하야　**心恒喜樂**하며

만약 왕의 도성都城을 볼 때에는

마땅히 중생이

공덕을 함께 모아서

마음에 항상 기뻐하고 즐기기를 원할지어다.

도성에는 사람들이 많이 모여 산다. 서울이나 부산에 얼마나 많은 사람들이 사는가. 모든 중생들이 이렇게 모여 늘 정직하고 선량하고 화목하면서 기쁘고 즐겁게 산다면 얼마나 좋을까.

견 처 림 수　　당 원 중 생
見處林藪인댄　　**當願衆生**이

응 위 천 인　　지 소 탄 앙
應爲天人　　**之所歎仰**하며

숲 속에 있음을 볼 때에는

마땅히 중생이

응당히 천신이나 사람이

우러러 찬탄하는 바가 되기를 원할지어다.

불교는 본래 숲의 종교다. 숲 속에서 수행하고 숲 속에서
설법을 듣고 걸식을 마치고는 다시 숲 속으로 들어간다. 숲
은 그늘을 드리워서 휴식하기 좋은 장소다. 그래서 사람들
은 숲을 찬탄한다. 모든 중생도 그와 같은 숲의 공능을 가
졌으면 하는 발원이다.

입 리 걸 식　　당 원 중 생
入里乞食에　　**當願衆生**이

입 심 법 계　　심 무 장 애
入深法界하야　　**心無障礙**하며

마을에 들어가서 걸식할 때에는

마땅히 중생이

깊은 법계에 들어가서

마음에 장애가 없기를 원할지어다.

도인문호　당원중생
到人門戶에　**當願衆生**이

입어일체　불법지문
入於一切　**佛法之門**하며

남의 문 앞에 이르렀을 때에는

마땅히 중생이

모든 불법의 문에

들어가기를 원할지어다.

입기가이　당원중생
入其家已에　**當願衆生**이

득입불승　삼세평등
得入佛乘하야　**三世平等**하며

그 집에 들어가고 나서는

마땅히 중생이

불승佛乘에 들어가서

삼세가 평등하기를 원할지어다.

마을에 들어가서 문 앞에 이르고 다시 집에 들어갔을 때 일일이 중생이 법계에 들어갔으면, 불법의 문에 들어갔으면, 또 불승佛乘에 들어가서 삼세가 평등하였으면 하는 기원을 한다.

견 불 사 인　　당 원 중 생
見不捨人에　　**當願衆生**이

상 불 사 리　　승 공 덕 법
常不捨離　　**勝功德法**하며

버리지 못하는 사람을 볼 때에는

마땅히 중생이

항상 훌륭한 공덕의 법을

버리지 않기를 원할지어다.

견 능 사 인　　　당 원 중 생
見能捨人에　　**當願衆生**이

영 득 사 리　　　삼 악 도 고
永得捨離　　**三惡道苦**하며

능히 버리는 사람을 볼 때에는

마땅히 중생이

삼악도의 고통을

길이 버리기를 원할지어다.

버리거나 버리지 않는다는 것은 밥을 빌 때 베풀거나 베풀지 않는 사람을 말한다. 밥을 베풀지 않는 사람을 보면 중생들이 수승한 공덕의 법을 항상 지니어 버리지 않기를 원하고, 베푸는 사람을 보면 삼악도의 고통을 영원히 버리기를 원하라는 것이다.

약 견 공 발　　　당 원 중 생
若見空鉢인댄　　**當願衆生**이

기 심 청 정　　　공 무 번 뇌
其心淸淨하야　　**空無煩惱**하며

만약 빈 발우를 볼 때에는

마땅히 중생이

그 마음이 청정하여

텅 비어서 번뇌가 없기를 원할지어다.

세존께서도 어느 날은 마을 사람들이 모두 축제에 나가고 없어서 탁발을 전혀 하지 못하고 빈 발우로 돌아온 적이 있다. 그때 정사로 돌아오면서 명상에 잠겨 있던 중 이런 생각을 하셨다. "정치를 할 때 서로 사람을 죽이는 일도 죽임을 당하는 일도 없이, 정복하는 일도 정복당하는 일도 없이, 슬퍼할 일도 남에게 슬픔을 주는 일도 없이 도리道理대로 행할 수는 없는 것일까?" 그러자 악마 마라魔羅가 부처님 앞에 나타나서 속삭였다. "세존이여, 직접 정치를 하시오. 사람들을 통치하여 서로 죽이는 일도 죽임을 당하는 일도 없고, 정복하는 일도 정복을 당하는 일도 없으며, 또 슬퍼할 일도 남에게 슬픔을 주는 일도 없는 도리에 맞는 정치를 실현하십시오."

부처님께서 마음을 가다듬고 대답하셨습니다. "마라여, 그대는 대체 무슨 까닭으로 나더러 직접 정치를 하라고 하는가?" 그러자 마라는, "세존이여, 당신은 네 개의 여의족[四如意足]을 가지고 있어서 무엇이든 마음대로 할 수 있는 힘이 있지 않습니까? 당신이 결심한다면 산들의 왕인 설산도 둔갑시켜 모두 황금으로 만들 수 있을 것입니다."

부처님께서는 게송으로 마라의 유혹에 답하셨습니다.

"저 설산을 둔갑시켜 황금으로 만들고

그것을 다시 배로 만든다고 하자.

어디 한 사람의 욕심인들 채울 수 있겠는가.

사람들아, 이것을 알고 올바르게 행하라."

若見滿鉢인댄   當願衆生이

具足成滿   一切善法하며

만약 가득 찬 발우를 볼 때에는

마땅히 중생이

온갖 선법을 구족하여

가득하기를 원할지어다.

수행자가 밥을 빌러 갔을 때 빈 발우로 돌아오는 경우도 있고 발우가 가득 차서 돌아올 때도 있다. 빈 발우를 볼 때에는 중생들의 번뇌가 텅 비기를, 가득 찬 발우를 볼 때에는 중생들에게 일체 선법이 가득하기를 염원하는 것이다.

약 득 공 경　　　당 원 중 생
若得恭敬인댄　**當願衆生**이

공 경 수 행　　　일 체 불 법
恭敬修行　　**一切佛法**하며

만약 공경을 받을 때에는
마땅히 중생이
모든 불법을
공경히 수행하기를 원할지어다.

부 득 공 경　　　당 원 중 생
不得恭敬에　**當願衆生**이

불 행 일 체　　불 선 지 법
不行一切　　不善之法하며

공경을 받지 못할 때에는

마땅히 중생이

모든 착하지 못한 법을

행하지 않기를 원할지어다.

탁발을 하러 마을에 들어가거나 다른 일이 있어서 세속
사람들과 만나는 경우 혹은 존경을 받기도 하지만 그렇지
못하고 빈척을 받을 때도 많다. 승려가 존경은 받지 못하더
라도 무시당하지는 않아야 한다. 승려가 세상 사람들로부
터 천시당하는 것은 그럴만한 이유가 있다. 승려가 무겁게
행동하면 부처님과 부처님의 가르침까지도 무겁게 여길 것
이다. 아무튼 불자는 중생을 위해 간절히 기도하는 마음을
잃지 말아야 한다.

견 참 치 인　　당 원 중 생
見慚恥人에　　**當願衆生**이

구 참 치 행　　장 호 제 근
具慚恥行하야　**藏護諸根**하며

부끄러워하는 사람을 볼 때에는

마땅히 중생이

부끄러워하는 행을 갖추어서

모든 근根을 감추고 보호하기를 원할지어다.

견 무 참 치　　당 원 중 생
見無慚恥에　**當願衆生**이

사 리 무 참　　주 대 자 도
捨離無慚하고　**住大慈道**하며

부끄러워함이 없는 사람을 볼 때에는

마땅히 중생이

부끄러워함이 없음을 떠나고

큰 자비의 길에 머물기를 원할지어다.

남에게 무엇을 얻으려고 하는 일은 부끄럽다. 탁발을 하
다 보면 베푸는 사람도 부끄러워하지만 탁발을 하는 사람

도 부끄러워 몸 둘 바를 모를 때가 있다. 부끄러운 마음이 일어나거나 그렇지 않거나 오직 중생의 문제와 연관시켜서 서원을 세우라.

약 득 미 식　　당 원 중 생
若得美食인댄　**當願衆生**이

만 족 기 원　　심 무 선 욕
滿足其願하야　**心無羨欲**하며

만약 좋은 음식을 얻거든

마땅히 중생이

그 원願을 만족해서

마음에 하고자 함이 없기를 원할지어다.

득 불 미 식　　당 원 중 생
得不美食에　**當願衆生**이

막 불 획 득　　제 삼 매 미
莫不獲得　**諸三昧味**하며

좋지 못한 음식을 얻었을 때에는

마땅히 중생이

모든 삼매三昧의 맛을

다 얻기를 원할지어다.

득 유 연 식   당 원 중 생
得柔軟食에   **當願眾生**이

대 비 소 훈   심 의 유 연
大悲所熏으로 **心意柔軟**하며

부드러운 음식을 얻었을 때에는

마땅히 중생이

큰 자비로써 훈습하여

마음이 유연하기를 원할지어다.

득 추 삽 식   당 원 중 생
得麤澁食에   **當願眾生**이

심 무 염 착   절 세 탐 애
心無染着하야 **絶世貪愛**하며

거친 음식을 얻었을 때에는

마땅히 중생이

마음에 물들고 집착함이 없어서

세속의 탐애를 끊기를 원할지어다.

　음식을 탁발하다 보면 좋은 음식을 받거나 좋지 못한 음식을 받거나 부드러운 음식을 받거나 거친 음식을 받는 등 여러 가지 경험이 있을 수 있다. 사찰에서 지어 주는 음식을 대할 때도 마찬가지다. 음식에 차별을 두지 말고 오로지 중생의 문제와 연관시켜서 보살의 마음으로 해석해야 한다.

약 반 사 시　　당 원 중 생
若飯食時인댄　**當願衆生**이

선 열 위 식　　법 희 충 만
禪悅爲食하야　**法喜充滿**하며

만약 밥을 먹을 때에는

마땅히 중생이

선열禪悅로써 밥을 삼아서

법희法喜가 충만하기를 원할지어다.

선열위식禪悅爲食 법희충만法喜充滿은 오늘날도 사찰에서 발우공양을 할 때 외우는 염불인데 그 근거가 정행품이다. 얼마나 훌륭한 가르침인가. 수행자가 음식을 먹을 때에는 먹고 있는 음식에만 맛을 들여서 정신없이 먹지 말고 부디 중생을 생각하라. 선열식도 좋고 법희충만도 좋지만 굶주리고 있는 보다 많은 가난한 사람들을 떠올려라. 지구상에 먹을 것이 없어서 굶는 사람은 없어야 하지 않겠는가.

약 수 미 시   당 원 중 생
若受味時인댄 **當願衆生**이

득 불 상 미   감 로 만 족
得佛上味하야 **甘露滿足**하며

만약 맛을 볼 때에는

마땅히 중생이

불법의 높은 맛을 보아서

감로甘露가 만족하기를 원할지어다.

불법의 높은 맛이란 스스로 해탈을 증득하고 다시 다른

사람에게 그 해탈을 맛볼 수 있도록 보살행을 실천하는 것이다. 감로란 불사不死의 의미다. 곧 생사를 초월한 불법을 감로법이라고도 한다.

반 사 이 흘　　　당 원 중 생
飯食已訖에　　**當願衆生**이

소 작 개 판　　　구 제 불 법
所作皆辨하야　**具諸佛法**하며

밥을 다 먹고 나서는

마땅히 중생이

하는 일을 다 마치고

모든 불법을 구족하기를 원할지어다.

　사람들이 하고 싶은 일을 다 마치고 불법을 구족할 것이 아니다. 불법을 증득하는 일은 만사를 제쳐 두고 가장 먼저 해야 할 일이다. 화엄경 공부야말로 식음을 전폐하고 이 몸과 이 마음을 다 바쳐서 가장 먼저 해야 하며 가장 오래 해야 할 소중한 공부다. 어찌 다시 이와 같은 경사스러운 일이 있겠는가. 중생들에게도 마땅히 그렇게 되기를 소망해야 한다.

약 설 법 시　　당 원 중 생
若說法時인댄　當願衆生이

득 무 진 변　　광 선 법 요
得無盡辯하야　廣宣法要니라

만약 법을 설說할 때에는
마땅히 중생이
다함이 없는 변재를 얻어서
법요를 널리 베풀기를 원할지어다.

설법을 할 때에 다른 중생들이 모두 다함이 없는 변재를 얻어서 법요를 널리 설하기를 간절히 발원해야 하며, 자신 중생부터 음성이 아름답고 힘이 넘치고 감미로워서 사람들이 듣기를 즐겨하도록 하면 얼마나 좋을까. 또 온갖 지식이 풍부하여 적절한 예화를 제공하고 논리마저 정연하여 그 누구도 이의를 제기할 수 없는 변재를 가졌으면 하는 바람을 늘 가져 본다.

(10) 목욕할 때의 서원

종 사 출 시　　　당 원 중 생
從舍出時에　　**當願衆生**이

심 입 불 지　　　영 출 삼 계
深入佛智하야　**永出三界**하며

집에서 나갈 때에는
마땅히 중생이
부처님 지혜에 깊이 들어가서
삼계를 길이 벗어나기를 원할지어다.

요즘에는 모두 집 안에 목욕탕이 있다. 그러나 옛날에는 개울가나 강가에서 목욕을 하였다. 그래서 반드시 집에서 나와야 했다. 집에서 나온다는 것은 곧 집 밖의 세상 공간으로 들어간다는 뜻이다. 부처님 지혜에 깊이 들어가서 삼계를 길이 벗어나기를 원하는 것이 그것이다.

약 입 수 시　　당 원 중 생
若入水時인댄　**當願衆生**이

입 일 체 지　　지 삼 세 등
入一切智하야　**知三世等**하며

만약 물에 들어갈 때에는

마땅히 중생이

온갖 지혜에 들어가서

삼세가 평등함을 알기를 원할지어다.

목욕을 하기 위해서 물에 들어간다. 일상에서 항상 있는
일이다. 그냥 물에만 들어가지 말고 일체 중생이 일체 지혜
에 들어가서 과거 미래 현재가 물처럼 평등함을 깨달았으면
하는 소원을 가지는 것이다.

세 욕 신 체　　당 원 중 생
洗浴身體에　**當願衆生**이

신 심 무 구　　내 외 광 결
身心無垢하야　**內外光潔**하며

몸을 씻을 때에는

마땅히 중생이

몸과 마음에 때가 없어서

안팎이 빛나고 깨끗하기를 원할지어다.

몸을 씻을 때에는 당연히 마음의 때인 온갖 번뇌 망상의

때가 씻어지기를 생각한다. 따라서 중생의 번뇌의 때도 씻어

지기를 발원해야 한다.

성 서 염 독   당 원 중 생
盛暑炎毒에   **當願衆生**이

사 리 중 뇌   일 체 개 진
捨離衆惱하야 **一切皆盡**하며

무더운 여름 지극히 더울 때에는

마땅히 중생이

온갖 번뇌를 떠나서

일체 번뇌가 다하기를 원할지어다.

무더운 여름날 길을 가다가 시원한 냇물에 들어가면 실

로 일체 번뇌가 없어지는 듯하다. 그때 일체 중생의 번뇌도 시원하게 다하기를 발원해야 한다.

暑退凉初에　　當願衆生이
서 퇴 량 초　　당 원 중 생

證無上法하야　究竟清涼이니라
증 무 상 법　　구 경 청 량

더움이 물러가고 서늘함이 올 때에는
마땅히 중생이
가장 높은 법을 증득해서
구경究竟에 청량하기를 원할지어다.

무더운 여름이 지나가고 청량한 가을이 오면 모든 중생이 구경의 법을 증득해서 최상의 해탈감을 누리기를 발원해야 한다.

(11) 간경看經하고 예불禮佛할 때의 서원

풍 송 경 시　　당 원 중 생
諷誦經時에　**當願衆生**이

순 불 소 설　　총 지 불 망
順佛所說하야　**總持不忘**하며

경을 읽을 때에는

마땅히 중생이

부처님의 설하신 바를 따라서

모두 가져 잊어버리지 않기를 원할지어다.

이 발원은 항상 생각하는 것이다. 경전을 읽을 때 한 번
본 것은 잊지 않고 필요할 때 언제나 기억이 되어서 활용할
수 있었으면 하는 마음이다. 그뿐만 아니라 다른 세속의 언
어나 이야기나 글들도 한 번 보거나 들은 것은 잊지 않으면
얼마나 편리할까. 필자의 소망과 같이 다른 중생들도 그와
같아지이다.

약 득 견 불　　당 원 중 생
若得見佛인댄　**當願衆生**이

득 무 애 안　　견 일 체 불
得無礙眼하야　**見一切佛**하며

만약 부처님을 볼 때에는

마땅히 중생이

걸림이 없는 눈을 얻어서

모든 부처님 보기를 원할지어다.

　걸림이 없는 눈을 얻어야 일체 사람, 일체 생명, 일체 존재가 모두 부처님임을 보게 될 것이다. 그래서 일체 형상을 떠나야 부처님을 볼 수 있다고 하였다.

체 관 불 시　　당 원 중 생
諦觀佛時에　**當願衆生**이

개 여 보 현　　단 정 엄 호
皆如普賢의　**端正嚴好**하며

부처님을 자세히 살펴볼 때에는

마땅히 중생이

모두 보현보살과 같이

단정하고 엄숙하기를 원할지어다.

　부처님을 바라볼 때에는 생각되는 점이 많다. 부처님처럼 복이 많았으면 또는 부처님처럼 지혜가 뛰어났으면, 부처님처럼 잘 생겼으면 등등 부지기수다. 이와 같은 희망이 중생들에게로 회향되어야 할 것이다.

견 불 탑 시　　당 원 중 생
見佛塔時에　　**當願衆生**이

존 중 여 탑　　수 천 인 공
尊重如塔하야　　**受天人供**하며

부처님의 탑을 볼 때에는

마땅히 중생이

탑과 같이 존중해서

천신과 사람의 공양 받기를 원할지어다.

우리나라에는 아름다운 탑이 많다. 특히 불국사의 석가
탑과 다보탑은 참으로 아름답고 훌륭하다. 다보탑은 모든
사람의 다보성多寶性을 상징하는 탑이다. 다보성이란 모든
사람이 본래로 만행과 만덕을 원만히 구족해서 무량공덕의
소유자라는 뜻이다.

경 심 관 탑   당 원 중 생
敬心觀塔에   **當願衆生**이

제 천 급 인   소 공 첨 앙
諸天及人의   **所共瞻仰**하며

공경하는 마음으로 탑을 볼 때에는

마땅히 중생이

모든 천신과 사람들의

함께 우러러보는 바가 되기를 원할지어다.

정 례 어 탑   당 원 중 생
頂禮於塔에   **當願衆生**이

일체천인　　무능견정
一切天人이　無能見頂하며

탑에 정례할 때에는

마땅히 중생이

모든 천신과 사람들이

이마를 볼 수 없기를 원할지어다.

우요어탑　　당원중생
右遶於塔에　當願衆生이

소행무역　　성일체지
所行無逆하야　成一切智하며

탑을 오른쪽으로 돌 때에는

마땅히 중생이

행동에 거슬림이 없어서

온갖 지혜 이루기를 원할지어다

요탑삼잡　　당원중생
遶塔三帀에　當願衆生이

근 구 불 도　　심 무 해 헐
勤求佛道하야　**心無懈歇**하며

탑을 세 바퀴 돌 때에는
마땅히 중생이
부처님의 도道를 부지런히 구해서
마음에 게으르고 쉼이 없기를 원할지어다.

　탑은 부처님의 사리를 봉안한 곳이다. 그러므로 부처님
처럼 공경하는 마음으로 탑을 우러러보며 예배하고 돌기도
한다. 즉 예배의 대상이다. 탑 속에는 사리도 넣지만 경전도
넣는다. 경전은 법신사리다. 그래서 탑을 숭상하기를 부처
님과 꼭 같이 한다.

찬 불 공 덕　　당 원 중 생
讚佛功德에　**當願衆生**이

중 덕 실 구　　칭 탄 무 진
衆德悉具하야　**稱歎無盡**하며

부처님 공덕을 찬탄할 때에는

마땅히 중생이
온갖 덕을 갖추어서
끝없이 찬탄하기를 원할지어다.

찬 불 상 호　　당 원 중 생
讚佛相好에　　**當願衆生**이

성 취 불 신　　증 무 상 법
成就佛身하야　　**證無相法**이니라

부처님 상호를 찬탄할 때에는
마땅히 중생이
부처의 몸을 성취해서
형상 없는 법 증득하기를 원할지어다.

　부처님의 공덕을 찬탄하거나 부처님의 상호를 찬탄하거나 항상 중생들이 덕을 갖추기를 빌며 상호가 원만해서 부처님의 상호와 같아지기를 발원하는 것이다. 정신적인 것이든 육체적인 것이든 오로지 중생들이 부처님을 닮아서 잘 되기만을 발원하는 것이다.

(12) 잠자고 쉴 때의 서원

약 세 족 시　　　당 원 중 생
若洗足時인댄　**當願衆生**이

구 족 신 력　　　소 행 무 애
具足神力하야　**所行無礙**하며

만약 발을 씻을 때에는

마땅히 중생이

신통한 힘을 구족해서

걸어 다님에 걸림이 없기를 원할지어다.

하루 동안 발을 이용해서 걸어 다니다가 잠자고 쉬기 위해 발을 씻을 때 참으로 발에게 고맙다는 생각을 하게 된다. 만약 신통한 힘을 구족해서 발을 수고롭게 하지 않고 옮겨 다닐 수 있다면 얼마나 자유롭겠는가. 중생들이 모두 그렇게 되기를 서원하는 것이다.

이 시 침 식　　　당 원 중 생
以時寢息에　**當願衆生**이

신 득 안 은 　　심 무 동 란
身得安隱하고　**心無動亂**하며

잠자고 쉴 때에는

마땅히 중생이

몸이 편안함을 얻어서

마음에 움직이고 어지러움이 없기를 원할지어다.

잠자고 쉴 때마저 그냥 쉬지 않고 중생을 위해서 서원한
다. 모든 중생이 이와 같이 몸도 편안하고 마음도 움직임이
없이 잠자리가 안락했으면 하는 서원을 세운다.

수 면 시 오 　　당 원 중 생
睡眠始寤에　**當願衆生**이

일 체 지 각 　　주 고 시 방
一切智覺하야　**周顧十方**이니라

잠자다가 막 깨었을 때에는

마땅히 중생이

일체 지혜를 깨달아서

시방을 두루 살피기를 원할지어다.

또 다시 새로운 하루를 시작하기 위해서 잠에서 깨어난다. 막 잠에서 깨어났을 때도 보살은 일체 중생들이 일체 지혜를 깨달아서 시방세계를 두루 살피기를 서원하는 것이다. 이와 같이 불보살들은 자나 깨나 앉으나 서나 가나 오나 오직 중생뿐이다. 그래서 부처님의 화두는 중생이라고 하는 것이다. 보살들의 화두도 또한 중생이다. 일체 불교의 화두가 중생이다.

4) 이익을 찬탄하다

불자 약제보살 여시용심 즉 획일체승
佛子야 若諸菩薩이 如是用心하면 則獲一切勝

묘 공덕 일체세간 제천 마범 사문 바라문
妙功德하야 一切世間과 諸天魔梵과 沙門婆羅門과

건달바아수라등 급이일체성문연각 소불능
乾闥婆阿修羅等과 及以一切聲聞緣覺의 所不能

동
動이니라

　"불자여, 만약 모든 보살이 이와 같이 마음을 쓰면 일체 훌륭하고 미묘한 공덕을 얻어서 일체 세간과 모든 천신과 마군과 범천과 사문과 바라문과 건달바와 아수라와 그리고 일체 성문과 연각들이 능히 움직이지 못하리라."

　불과佛果를 얻어서 뛰어나게 존귀尊貴한 지위를 성취하려면 그 마음을 잘 써야 한다고 하면서 위와 같은 141가지의 마음 쓰는 법을 설하였다. 만약 이와 같이 마음을 잘 쓰면, 안으로는 그 덕이 부처님의 덕과 같을 것이며 밖으로는 그 누구도 움직이지 못할 것이다. 마음이 큰 지혜의 바다에 노닐게 되므로 어느 누구도 그를 움직이지 못할 것이라고 하였다.

〈정행품 끝〉

대방광불화엄경 강설

제14권

十二. 현수품賢首品 1

현수품은 현수보살이 문수보살의 질문을 받고 357개의 게송으로 설법한 품이다. 화엄경 80권 중 한 권 반이나 되는 이 현수품은 다른 품과 달리 모두가 게송, 즉 시 형식으로 설법하였기 때문에 더욱 돋보이는 품이다. 삼보를 위시하여 불법을 믿는 믿음의 공덕과 처음 발심한 발심의 공덕을 말씀하였고, 이어서 갖가지 광명과 삼매를 설하였다. 그리고 여러 가지 비유를 들어 앞의 뜻을 더욱 분명히 하였다. 이로써 제2회 여섯 품의 십신+信법문을 설하는 것을 마치게 된다.

청량淸凉스님은 현수품이 이 위치에 오게 된 이유를 다음과 같이 밝혔다. "앞서 정행품에서 말한 청정한 보살행이 헛된 것이 아니라면 반드시 그 덕이 있게 마련이다. 이미 이해와 수행이 원만하다면 반드시 수승한 덕이 불가사의할 것이다. 앞의 정행품에서 말한 청정한 행원行願을 거두어 믿음의 덕을 이루게 된 것이다."[3] 그래서 신심信心에 대한 설법의 절정을 이룬다.

---

3) 來意者 : 夫行不虛設. 必有其德. 旣解行圓妙, 必勝德難思. 收前行願成信德用. 故次來也.

1. 문수보살이 묻다

이시   문수사리보살   설무탁란청정행대
爾時에 文殊師利菩薩이 說無濁亂淸淨行大

공덕이   욕현시보리심공덕고 이게   문현
功德已하시고 欲顯示菩提心功德故로 以偈로 問賢

수보살왈
首菩薩曰

그때에 문수사리보살이 혼탁하고 어지러움이 없는
청정한 행의 큰 공덕을 설하고 나서 보리심의 공덕을
나타내 보이려고 게송으로 현수보살에게 물었습니다.

아금이위제보살   설불왕수청정행
我今已爲諸菩薩하야   說佛往修淸淨行호니

인 역 당 어 차 회 중   연 창 수 행 승 공 덕
仁亦當於此會中에   **演暢修行勝功德**하소서

제가 이제 이미 모든 보살을 위해서

부처님의 옛적에 닦으신 청정한 행을 말했으니

어지신 이도 또한 마땅히 이 법회에서

수행의 수승한 공덕을 연설하소서.

화엄경은 부처님이 설법하신 것이 아니라 보살들이 서로 묻고 답하면서 부처님의 경지를 하나하나 풀어 내는 형식으로 되어 있다. 이 품 역시 지혜가 뛰어난 문수보살이 질문하고 현수보살이 대답하면서 수많은 시가 쏟아진다.

문수사리보살이 혼탁하고 어지러움이 없는 청정한 행의 큰 공덕을 설하였다는 것은 앞서 정행품淨行品의 내용이다. 참으로 혼탁함이 없는 청정한 내용만을 설하였다. 그 청정한 내용이란 보살은 자나 깨나, 앉으나 서나, 가나 오나 오로지 중생만을 생각하는 삶을 말한다. 보살은 집에 있거나 길을 가거나, 심지어 옷을 입고 밥을 먹고 잠을 자는 일에서까지 중생들이 잘되고 행복하기만을 발원하는 내용이다. 그리고 "수행의 수승한 공덕을 연설하소서."라고 법을 청하였

는데 불법을 믿는 공덕과 처음 발심한 공덕과 온갖 광명과 삼매 등 참으로 불교에 있어서 중요한 내용들에 대하여 설법하였다.

2. 현수보살이 게송으로 대답하다

1) 물음에 답할 것을 허락하다

이 시 현 수 보 살 이 게 답 왈
爾時에 **賢首菩薩**이 **以偈答曰**

그때에 현수보살이 게송으로 대답하였습니다.

선 재 인 자 응 제 청   피 제 공 덕 불 가 량
善哉仁者應諦聽하소서   **彼諸功德不可量**일새

아 금 수 력 설 소 분   유 여 대 해 일 적 수
我今隨力說少分호리니   **猶如大海一滴水**니라

훌륭하도다, 어진이여. 자세히 들으소서.

저 모든 공덕 헤아릴 수 없으나

제가 이제 힘을 따라 조금만 말하리니

마치 큰 바다의 한 방울 물과 같을 것입니다.

현수보살은 문수보살의 청을 받들어 보리심을 발한 공덕에 대해서 설명하겠다고 하였다. 앞으로 설해질 게송이 무려 357개나 된다. 참으로 아름다우며 그 표현이 뛰어나건만 스스로 "제가 이제 힘을 따라 조금만 말하리니, 마치 큰 바다의 한 방울 물과 같을 것입니다."라고 겸손하였다.

2) 초발심初發心의 공덕

약 유 보 살 초 발 심
若有菩薩初發心에　　서 구 당 증 불 보 리
誓求當證佛菩提하면

피 지 공 덕 무 변 제
彼之功德無邊際하야　　불 가 칭 량 무 여 등
不可稱量無與等이어든

만약 보살이 처음 발심함에
맹세코 부처님의 보리를 증득하려 하면
그 공덕은 끝이 없어서
헤아릴 수 없고 같을 것이 없어라.

불교에 대한 진실한 마음을 처음 낸다는 초발심을 발하게 되면 그 일의 의미와 공덕에 대해서는 이루 다 설명할 수가 없다. 왜 그런가 하면 부처님이 증득하신 깨달음, 즉 완전한 지혜와 자비를 갖춘 보리를 증득하여 끝없는 중생을 다 제도하려는 각오를 다지는 일이며, 다함없는 번뇌를 다 끊으려는 맹세를 세우는 일이며, 한량없는 법문을 다 배우려고 서원하는 일이며, 아무리 높고 높은 불도라 하더라도 다 이루려는 서원을 세우는 일이기 때문이다.

하 황 무 량 무 변 겁
何況無量無邊劫에

구 수 지 도 제 공 덕
具修地度諸功德가

시 방 일 체 제 여 래
十方一切諸如來가

실 공 칭 양 불 능 진
悉共稱揚不能盡이니라

어찌 하물며 한량없고 끝없는 겁에
지위와 바라밀을 갖추어 닦은 모든 공덕이겠는가.
시방의 일체 여래께서
다 함께 칭양稱揚해도 다함이 없네.

불자가 처음 발심하여 부처님이 깨달으신 보리를 증득하려고 서원을 세웠다면 한량없는 세월 동안 십신과 십주와 십행과 십회향과 십지와 등각과 묘각이라는 그 많은 지위마다 닦아야 할 바라밀이 있다. 매 지위마다 열 가지의 바라밀이 있고, 열 가지의 지위라면 1백 가지의 바라밀이 된다. 매 지위마다 주主바라밀과 조助바라밀을 번갈아 가면서 구족하게 닦아야 한다. 그 오랜 세월 동안 그 많은 바라밀을 닦은 공덕은 시방의 모든 여래가 칭양한다 하더라도 다할 수 없으리라.

여 시 무 변 대 공 덕
如是無邊大功德을

아 금 어 중 설 소 분
我今於中說少分호리니

비 여 조 족 소 리 공
譬如鳥足所履空이며

역 여 대 지 일 미 진
亦如大地一微塵이니라

이러한 끝없는 큰 공덕을
내가 이제 그 가운데 조금만 설하리니
비유컨대 새의 발로 밟은 허공과 같고
또한 대지大地의 한 먼지 같으니라.

보리심을 발한 공덕은 무량하고 무수하고 무변하고 혜아릴 수 없고 칭량할 수 없다. 그런데 그것을 설명한다는 것은 비유하자면 이렇다. 저 무한한 허공에 새가 한 마리 날아가면서 허공을 밟았다면 그 자리가 얼마나 되겠으며, 저 드넓은 산하대지에 먼지는 또 얼마나 많겠는가. 그 많은 먼지 가운데 한 톨의 먼지와 같다고 하였다.

3) 발심의 행상行相

보 살 발 의 구 보 리 　　비 시 무 인 무 유 연
菩薩發意求菩提가 　　**非是無因無有緣**이니

어 불 법 승 생 정 신 　　이 시 이 생 광 대 심
於佛法僧生淨信일새 　　**以是而生廣大心**이니라

보살이 뜻을 내어 보리를 구함은

인因이 없고 연緣이 없음이 아니니

부처님과 법과 승단에 청정한 믿음을 낼새

이로써 넓고 큰 마음을 내었느니라.

보리를 구하려고 발심한 데는 그 씨앗이 있고 씨앗이 자랄 조건들이 갖추어져야 한다. 그것을 우리는 인연이라고 한다. 그 인연에는 먼저 부처님을 믿고 부처님의 가르침을 믿고 나아가서 부처님의 대중들을 믿어야 한다. 즉 보리심은 불법승 삼보를 믿고 받드는 데서부터 출발한다.

불 구 오 욕 급 왕 위
不求五欲及王位와

부 요 자 락 대 명 칭
富饒自樂大名稱하고

단 위 영 멸 중 생 고
但爲永滅衆生苦하야

이 익 세 간 이 발 심
利益世間而發心이니라

오욕락五欲樂과 왕위도 구하지 않고
부유함과 즐거움과 명예도 구하지 않고
다만 중생들의 고통을 영원히 소멸하기 위함이며
세간을 이익하게 하려고 발심함이니라.

만 중생을 교화하려는 위대한 마음을 내는 데는 세속적인 생각과는 그 근본부터가 다르다. 오욕락을 구하려는 것도 아니며 왕위나 기타 높은 벼슬을 구하려는 것도 아니다.

부귀공명이나 다른 즐거움을 누리자고 하는 것도 아니다. 명예나 인기를 얻으려는 것은 더욱 아니다. 다만 중생들의 온갖 고통을 영원히 소멸하고 세상에 큰 이익을 주려고 보리심을 발한 것이다. 이러한 큰 뜻이 포함되어 있어서 불자들은 축생을 보면 반드시 보리심을 발하라고 당부하는 것이다. 사람이 일으킬 수 있는 마음 중에서 가장 수승한 마음이 보리심이기 때문이다.

상 욕 이 락 제 중 생
常欲利樂諸衆生하야

장 엄 국 토 공 양 불
莊嚴國土供養佛하며

수 지 정 법 수 제 지
受持正法修諸智하야

증 보 리 고 이 발 심
證菩提故而發心이니라

늘 모든 중생 이익하고 즐겁게 하고자
국토를 장엄하고 부처님께 공양하며
바른 법을 받아 지니고 모든 지혜를 닦아서
보리를 증득하려고 발심함이니라.

발심은 왜 하는가에 대한 목적을 밝혔다. 모든 중생을 이익하게 하고 즐겁게 하고자 하는 것과, 세상을 맑고 밝고 아름답고 향기롭게 하고자 하는 것과, 모든 사람 모든 생명을 부처님으로 받들고 공양하려는 것과, 바른 가르침을 받아 지니려는 것과, 일체 지혜를 닦아서 보리를 증득하려는 것이다. 참으로 훌륭하고 많은 뜻이 담겨 있다. 이러한 마음을 낸 사람에게 큰 공덕이 있는 것은 당연한 이치이다.

심 심 신 해 상 청 정
深心信解常淸淨하야

공 경 존 중 일 체 불
恭敬尊重一切佛하며

어 법 급 승 역 여 시
於法及僧亦如是하야

지 성 공 양 이 발 심
至誠供養而發心이니라

믿고 이해하는 깊은 마음 항상 청정해서

모든 부처님을 공경하고 존중하며

가르침과 승가에도 또한 그러하여

지성至誠으로 공양하려 발심함이니라.

깊고 깊은 마음으로 믿고 이해하고 받들어 섬기고 공양하고 공경하며 존중하는 대상은 우선 부처님과 부처님의 가르침과 승가다. 즉 불법승 삼보를 믿고 이해한다는 것이다. 부처님은 지혜와 복덕이 구족하였으며, 법은 모든 욕망을 멀리 떠나게 하며, 승가는 이 세상 모든 단체 중에서 가장 청정하고 고결하고 위대한 단체이기 때문이다.

심 신 어 불 급 불 법
深信於佛及佛法하고
역 신 불 자 소 행 도
亦信佛子所行道하며

급 신 무 상 대 보 리
及信無上大菩提하야
보 살 이 시 초 발 심
菩薩以是初發心이니라

부처님과 불법을 깊이 믿고

불자들이 행하는 도를 또한 믿으며

가장 높은 큰 보리를 믿어서

보살이 이로써 처음 발심함이니라.

삼보를 믿는 것에 더하여 가장 높은 보리를 믿는다고 하였다. 신信삼보와 신信보리다. 기신론에서는 사신四信이라고 하여 삼보와 진여眞如를 들고 있다. 진여에는 지혜와 자비인 보리가 모두 포함된다. 이 네 가지를 깊이 믿기 위하여 처음으로 발심한 것이다.

4) 믿음은 불도의 근원

신 위 도 원 공 덕 모   장 양 일 체 제 선 법
信爲道元功德母라   **長養一切諸善法**하며

단 제 의 망 출 애 류   개 시 열 반 무 상 도
斷除疑網出愛流하야   **開示涅槃無上道**니라

믿음은 불도의 근원이며 공덕의 어머니라
일체의 선한 법을 다 길러 내나니
의심의 그물을 끊어 버리고 애착의 물결을 벗어나서
가장 높은 열반의 도道를 열어 보이네.

화엄경의 수많은 글 중에서 가장 많이 애독되고 인용되
는 구절이다. 어떤 종교든지 믿음을 빼고 나면 종교가 성립
되지 않는다. 종교뿐만 아니라 믿음이 없으면 가정도 성립
되지 않으며 인간 관계도 성립되지 않는다. 종교를 떠나서,
믿음이란 사람이 살아가는 일 중에서 가장 중요한 요소다.

하물며 불도를 이루려는 일이겠는가. 당연히 그 근원이 된다. 믿음이 없으면 불도란 존재하지 않기 때문이다. 다시 말하면 믿음이 없는 사람에게 불도란 없다. 믿음이 있는 사람에게만 불도가 존재한다.

그리고 믿음의 힘으로 일체 공덕이 탄생한다. 그래서 믿음은 공덕의 어머니라고 하였다. 작은 일이라도 봉사를 하고, 기부를 하고, 보시를 하고, 사람들을 위해서 선한 일을 하는 것은 모두가 사람에 대한 믿음이 있기 때문이다. 믿음이 있는 사람 관계에는 의심이 없다. 당연한 이야기다. 믿음은 애착의 물결에서 벗어나게 하며, 나아가서 불교의 궁극적 차원인 열반의 경지에 오르게 한다.

신 무 구 탁 심 청 정
信無垢濁心淸淨이요

멸 제 교 만 공 경 본
滅除憍慢恭敬本이며

역 위 법 장 제 일 재
亦爲法藏第一財요

위 청 정 수 수 중 행
爲淸淨手受衆行이니라

믿음은 혼탁함이 없어 마음이 청정하고
교만을 없애고 공경의 근본이 되네.

믿음은 또한 법의 창고에서 제일가는 재물이요

훌륭한 손이 되어 온갖 일을 다 수행하게 되네.

신심이 있는 사람은 그 마음이 혼탁하거나 침침하거나 흐리지 않고 저 맑은 가을 하늘과 같이 밝고 맑고 청정하다. 또 불법에 신심이 깊은 사람은 절대로 교만하지 않고 겸손하다. 남을 배려하고 사양도 잘한다. 하심下心이라는 인생 최고의 교훈을 알고 있기 때문이다. 그래서 만나는 사람마다 공경하고 예의를 갖춘다. "무릇 하심下心하는 사람에게는 만 가지 복이 저절로 돌아오게 된다."[4]고 하였다.

또한 믿음은 부처님의 8만대장경이라는 법의 창고에서 제일가는 재산이며 제일가는 보물이다. 실로 사람이 살아가는 데 있어서 신심보다 더 훌륭한 재산이 있을까. 신심만 있으면 해결하지 못할 문제가 없다. 그래서 신심은 요술방망이다. 믿음이야말로 진정 가장 값진 재산이다. 이 소중한 재산을 아는 사람이 얼마나 될까.

또한 믿음은 훌륭한 재능을 가진 손이다. 무엇이든지 만

---

4) 凡有下心者 萬福自歸依.

들지 못하는 것이 없어서 컴퓨터도 만들고 글씨도 쓰고 그림도 그리고 온갖 작품도 조각한다. 또한 저 높은 빌딩도 짓고 자동차, 기차, 배, 비행기, 인공위성 등 못 만드는 것이 없다. 그와 같이 믿음은 아라한도 되고, 큰스님도 되고, 도인도 되고, 선지식도 되고, 보살도 되고, 부처님도 된다. 참으로 믿음이야말로 신행 생활에 있어서 근본 중에 근본이다.

또한 믿음은 지팡이와 같다. 몸이 허약한 사람이나 노약자는 길을 갈 때 스스로 걸을 수 없다. 그때 지팡이에 의지하면 몸의 무게를 거의 반은 받쳐 준다. 지팡이에 의지하여 걸음을 걸으면 지팡이가 얼마나 큰 힘이 되는지를 안다. 믿음은 이와 같다.

또한 믿음은 땅과 같다. 세상 모든 것은 땅에 의지하여 존재한다. 사람이 걷거나 앉거나 눕는 것도 땅을 근거로 하고, 자동차도 땅에 의지하여 달릴 수 있으며, 비행기도 땅을 의지해서 하늘을 날 수 있다. 저 높은 빌딩이나 아파트도 모두 땅에 의지하여 건립되었다. 저 큰 태평양바다도 땅 위에 담겨 있다. 만약 땅이 없으면 작은 오두막도 세울 수 없다. 이와 같이 믿음은 세상사나 출세간사에 있어서 그 근본이 된다.

신 능 혜 시 심 무 린 　　　　신 능 환 희 입 불 법
信能惠施心無悋이요　　　信能歡喜入佛法이며

신 능 증 장 지 공 덕 　　　　신 능 필 도 여 래 지
信能增長智功德이요　　　信能必到如來地니라

믿음은 은혜를 베풀어 마음에 인색함이 없고

믿음은 기쁨으로 불법에 들어가게 하며

믿음은 지혜와 공덕을 증장시키고

믿음은 반드시 여래의 지위에 이르게 하느니라.

불법에 대해 진정한 신심이 있는 사람은 무엇이든 베풀어서 인색함이 없다. 법을 베풀고, 재화를 베풀고, 음식을 베풀고, 사람들을 배려해서 편안하게 해 준다. 얼마나 마음 놓이고 아름다운 사람인가.

신심이 있는 사람이라야 진정으로 불법에 깊이 들어가서 불법으로서 기쁨을 삼고 살아간다. 그 어떤 즐거움보다도 불법을 가장 즐거워하며 기쁘게 살아간다. 그렇게 나날을 살아가는 사람에게는 하루하루 지혜의 공덕이 증장하리라. 그래서 끝내는 반드시 여래가 이른 인생 궁극의 경지에 이르게 될 것이다.

신 령 제 근 정 명 리
信令諸根淨明利요

신 력 견 고 무 능 괴
信力堅固無能壞며

신 능 영 멸 번 뇌 본
信能永滅煩惱本이요

신 능 전 향 불 공 덕
信能專向佛功德이니라

믿음은 모든 근根을 깨끗하고 밝고 날카롭게 하고

믿음의 힘은 견고하여 능히 깨뜨릴 수 없고

믿음은 영원히 번뇌의 근본을 소멸하며

믿음은 오로지 부처님의 공덕을 향하게 하느니라.

진정한 신심이 있는 사람의 6근은 깨끗하고 맑고 밝고 날카롭고 영리하다. 그러므로 신심의 힘은 금강석처럼 견고하여 그 누구도 무너뜨릴 수 없다. 또한 그 어떤 부귀영화도 신심을 무너뜨리지는 못한다. 불교 역사에서 불법을 위해 목숨을 바쳐 순교한 사람이 그런 분들이다. 또 신심이 있는 사람은 곧 보현보살의 보살정신으로 무장된 사람이기 때문에 오로지 중생들을 보살피느라 자신에게는 그 어떤 고통도 번뇌도 사라진 지 오래다. 그래서 신심이 있는 사람은 오로지 부처님의 공덕만을 향해서 앞으로 앞으로 끊임없이 나아간다.

신어경계무소착　　　원리제난득무난
信於境界無所着이요　遠離諸難得無難이며

신능초출중마로　　　시현무상해탈도
信能超出衆魔路요　　示現無上解脫道니라

믿음은 경계에 대한 집착이 없고
모든 고난을 멀리 여의어서 고난을 없게 하며
믿음은 온갖 마魔의 길에서 벗어나며
가장 높은 해탈의 길을 나타내 보이느니라.

　신심은 어떤 대상에도 집착하지 않고 욕심을 내지 않는
다. 그러므로 바깥 경계에 대한 어려움이 멀리 떠나 있다. 경
계에 대한 어려움이 없으므로 마군의 길에서 헤매지 않는다.
참다운 신심이 있는 사람에게는 불법을 장애하는 어떤 마군
도 없다. 그것은 곧 해탈의 경지다. 그래서 최상의 해탈감을
누리며 어떻게 하면 중생을 위할 수 있을까 하는 보살행에만
매진한다.

신 위 공 덕 불 괴 종　　　　　신 능 생 장 보 리 수
　　　信爲功德不壞種이요　　　**信能生長菩提樹**며

　　　신 능 증 익 최 승 지　　　　　신 능 시 현 일 체 불
　　　信能增益最勝智요　　　**信能示現一切佛**이니라

　　믿음은 파괴되지 않는 공덕의 종자요
　　믿음은 깨달음의 나무[菩提樹]를 생장케 하며
　　믿음은 가장 수승한 지혜를 더욱 증장시키며
　　믿음은 일체 모든 부처님을 나타내 보이느니라.

　　세상에는 공덕의 종류가 많다. 그런데 대개의 공덕은 파
괴되거나 시간이 경과하면 사라지게 마련이다. 그러나 믿음
은 파괴되지 않는 공덕의 종자다. 그래서 깨달음도 믿음으
로부터 시작한다. 믿음이 없다면 누가 수행을 하겠으며, 믿
음이 없다면 누가 궁극적 깨달음을 성취하겠는가. 참으로
믿음은 깨달음의 근본이며 그 뿌리가 된다.

　　　시 고 의 행 설 차 제　　　　　신 락 최 승 심 난 득
　　　是故依行說次第인댄　　　**信樂最勝甚難得**이니

비 여 일 체 세 간 중
譬如一切世間中에

이 유 수 의 묘 보 주
而有隨意妙寶珠니라

이러한 까닭에 그 실천행에 의지해 차례를 말하자면

믿고 즐거워함은 가장 수승하여 매우 얻기 어려우니

비유하자면 일체 세간 가운데서

마음대로 되는 미묘한 보배구슬을 소유한 것과 같으니라.

처음 믿음을 내어 발심한 때가 곧 정각을 이루는 때[初發心時便成正覺]이지만 그 중간의 과정을 말하면 십주와 십행과 십회향 등등의 보살지위가 펼쳐져 있다. 그중에서 처음 믿음을 내어 발심한 첫 단계가 가장 중요하다. 그래서 신심은 무엇이든 마음대로 이뤄지는 여의주如意珠와 같다고 하였다. 그렇다. 훌륭한 신심이 있는 사람은 세간사든 출세간사든 이루지 못할 일이 없다. 그래서 "신심은 뜻대로 되는 여의주다."라고 한다.

여의주에도 옛 설명은 좀 더 자세하다. 보성론寶性論[5]에는 진실眞實과 세희유世希有와 명정明淨과 세력勢力과 능장엄세

---

5) 若準寶性論, 寶有六義. 頌云 '一, 眞實. 二, 世希有. 三, 明淨. 四, 勢力. 五, 能莊嚴世間. 六, 最上不變等'.

간能莊嚴世間과 최상불변最上不變 등이 있다고 하였다.

5) 수학하는 곳[修學處]

약 상 신 봉 어 제 불　　　　즉 능 지 계 수 학 처
若常信奉於諸佛이면　　　**則能持戒修學處**니

약 상 지 계 수 학 처　　　　즉 능 구 족 제 공 덕
若常持戒修學處면　　　　**則能具足諸功德**이니라

만약 항상 모든 부처님을 믿고 받들면
곧 계율을 지니는 것이며 닦아 배우는 곳이니
만약 항상 계율을 지니고 닦아 배우는 곳이면
곧 능히 모든 공덕을 구족하리라.

　수학하는 곳[修學處]의 순서를 밝혔다. 불교에 있어서 믿음이란 불법승 삼보를 믿는 것이 가장 우선이다. 또 믿는다는 말 속에는 믿음과 함께 받들어 모시는 것과 의지하는 것과 공양, 공경, 존중, 찬탄 등이 다 포함된다.

　먼저 부처님을 신봉하게 되면 자연히 계율을 지니게 되고

수행하고 배우는 곳이 된다. 지계와 수행과 공부가 있으면 저절로 온갖 공덕이 구족하게 된다.

"닦아 배우는 곳"이란 즉 수학처修學處다. 수학처란 한마디로 선행인데 유가瑜伽에 이렇게 말하였다.[6] "이미 발심하고 나서는 응당히 칠처七處에서 수학하기 때문에 이름을 학처學處라고 한다. ① 자리처自利處 ② 이타처利他處 ③ 진실의처眞實義處 ④ 위력처威力處 ⑤ 성숙유정처成熟有情處 ⑥ 성숙자불법처成熟自佛法處 ⑦ 무상정등보리처無上正等菩提處가 그것이다.

계 능 개 발 보 리 본
戒能開發菩提本이요

학 시 근 수 공 덕 지
學是勤修功德地니

어 계 급 학 상 순 행
於戒及學常順行이면

일 체 여 래 소 칭 미
一切如來所稱美니라

계율은 능히 보리심을 발하는 근본이 되며

---

6) 瑜伽云 '旣發心已 應於七處修學 故名學處. 謂:一, 自利處. 二, 利他處. 三, 眞實義處. 四, 威力處. 五, 成熟有情處. 六, 成熟自佛法處. 七, 無上正等菩提處'.

배움이란 공덕을 부지런히 닦는 터전이 되니
계율과 배움을 항상 수순하여 행하면
일체 여래가 아름답다고 칭찬하는 바가 되리라.

불교의 근간은 삼학三學이다. 삼학은 계율과 선정과 지혜다. 이 삼학 중에서 계율이 선정과 지혜의 근본이 된다. 그래서 계를 인해서 선정이 생기고 선정을 인해서 지혜가 생긴다고 하였다. 따라서 지혜와 자비를 함유하고 있는 깨달음(보리)의 근본이 된다. 불교에 귀의하였다면 부처님의 가르침을 배우는 것이 무엇보다 우선이다. 부처님의 가르침을 배우지 아니하고 불자라고 할 수 없다. 부처님의 가르침을 배우게 되면 공덕을 닦는 법은 저절로 알게 된다. 그래서 터전이라고 한다. 이와 같이 계율을 지키고 가르침을 열심히 배우면 여래께서는 당연히 그를 아름답게 사는 사람이라고 칭찬하리라.

약 상 신 봉 어 제 불
若常信奉於諸佛이면

즉 능 흥 집 대 공 양
則能興集大供養이니

약 능 홍 집 대 공 양　　　　피 인 신 불 부 사 의
若能興集大供養이면　　　彼人信佛不思議니라

만약 모든 부처님을 항상 믿고 받들면
곧 능히 큰 공양을 일으키는 것이니
만약 능히 큰 공양을 일으키면
저 사람은 부처님의 불가사의함을 믿음이니라.

부처님은 곧 사람이며 사람은 곧 부처님이다. 언제나 사람 부처님을 믿고 받들어 섬기면 그것이야말로 큰 공양을 일으키는 일이다. 사람을 부처님으로 받들어 섬기는 일보다 더 큰 공양은 없기 때문이다. 부처님이 불가사의하듯 사람도 그대로 불가사의하다. 그 불가사의함을 그대로 믿고 섬기는 일이다.

약 상 신 봉 어 존 법　　　　즉 문 불 법 무 염 족
若常信奉於尊法이면　　　則聞佛法無厭足이니

약 문 불 법 무 염 족　　　　피 인 신 법 부 사 의
若聞佛法無厭足이면　　　彼人信法不思議니라

만약 높은 법[尊法]을 항상 믿고 받들면
곧 부처님의 법을 듣고 싫어함이 없음이니
만약 부처님의 법을 듣고 싫어함이 없으면
저 사람은 법의 불가사의함을 믿음이니라.

화엄경이야말로 높은 법[尊法] 중에 높은 법이다. 이 높은
화엄경을 믿고 받들고 열심히 공부하면 왜 싫증이 나겠는
가. 공부를 할수록 애착이 가고 환희심이 일어난다. 따라서
화엄경뿐만 아니라 부처님과 조사님들의 일체의 가르침을
모두 기쁘고 즐겁게 듣고 보게 된다. 불조의 가르침은 모두
가 불가사의하고 그 불가사의함을 믿고 따르게 된다. 인간
으로 태어나서 가장 훌륭하고 큰 복은 불법을 만난 일이며
화엄경을 만난 일이라는 사실을 알기 때문이다.

약 상 신 봉 청 정 승
若常信奉淸淨僧이면

즉 득 신 심 불 퇴 전
則得信心不退轉이니

약 득 신 심 불 퇴 전
若得信心不退轉이면

피 인 신 력 무 능 동
彼人信力無能動이니라

만약 청정한 승가를 항상 믿고 받들면
곧 신심이 물러나지 않음을 얻으리니
만약 신심이 물러나지 않음을 얻으면
저 사람은 믿는 힘을 능히 움직일 수 없으리라.

부처님을 신봉하고, 법을 신봉하고, 이어서 승가를 신봉
하는 결과를 밝혔다. 부처님과 법과 승가를 함께 신봉하면
그 신심이 결코 퇴전하지 않는다. 거기에 더하여 진여眞如까
지 신봉하면 완전한 신심이 된다. 이러한 사람의 신심의 힘
은 그 누구도 움직일 수 없다. 승조僧肇법사와 혜충慧忠국사
와 이차돈異次頓성사 같은 분들이 모두 이러한 이들이다.

6) 믿음이 점점 다른 수행을 갖추다

약 득 신 력 무 능 동
若得信力無能動이면

즉 득 제 근 정 명 리
則得諸根淨明利니

약 득 제 근 정 명 리
若得諸根淨明利이면

즉 능 원 리 악 지 식
則能遠離惡知識이니라

만약 믿음의 힘이 움직이지 아니하면

곧 모든 근根이 깨끗하고 밝고 영리하며

만약 모든 근이 깨끗하고 밝고 영리하면

곧 능히 악지식惡知識을 멀리 여의리라.

신심의 힘은 참으로 대단한 것이다. 신심이 뛰어난 사람의 6근은 깨끗하고 밝고 영리하다. 6근이 청정하고 밝고 영리하므로 삿된 견해에 물들지 아니하고 악하거나 삿된 견해를 가진 사람을 도반으로 삼지도 않는다. 삿된 종교를 믿는 것은 모두가 6근이 총명하지 못하기 때문이다.

약 능 원 리 악 지 식　　　　즉 득 친 근 선 지 식
若能遠離惡知識이면　　　**則得親近善知識**이니

약 득 친 근 선 지 식　　　　즉 능 수 습 광 대 선
若得親近善知識이면　　　**則能修習廣大善**이니라

만약 능히 악지식惡知識을 멀리 여의면

곧 선지식善知識을 친근하리라.

만약 선지식善知識을 친근하면

곧 능히 광대한 선행을 닦아 익히리라.

삿된 견해를 가진 악지식을 가까이하지 않으면 저절로 훌륭한 사람, 정직한 사람, 세상과 인생에 대해 바른 견해를 가진 선지식을 친근하게 된다. 선지식을 친근하게 되면 저절로 광대한 선행을 닦아서 세상에 큰 빛이 된다. 믿음은 이와 같이 발전한다.

약 능 수 습 광 대 선
若能修習廣大善이면

피 인 성 취 대 인 력
彼人成就大因力이니

약 인 성 취 대 인 력
若人成就大因力이면

즉 득 수 승 결 정 해
則得殊勝決定解라

약 득 수 승 결 정 해
若得殊勝決定解면

즉 위 제 불 소 호 념
則爲諸佛所護念이니라

만약 넓고 큰 선행을 닦아 익히면
그 사람은 큰 인因의 힘을 성취하리니
만약 큰 인의 힘을 성취하면
곧 수승하고 결정한 이해를 얻으리라.

만약 수승하고 결정한 이해를 얻으면
곧 모든 부처님이 보호해 주는 바가 되리라.

불법에 대한 신심의 힘에 저절로 따라오는 수행에 이렇게
여러 가지가 있다. 큰 선행을 닦게 되고, 큰 인의 힘을 성취
하고, 또 수승하고 분명한 이해를 얻게 되고, 나아가서는
부처님이 염려해 주고 지켜 주는 바가 될 것이다. 어찌 부처
님뿐이겠는가. 일체 생명과 일체 존재와 일체 사물이 모두
화엄성중이 되어 염려하고 보호해 주리라.

7) 십주위+住位를 밝히다

약 위 제 불 소 호 념   즉 능 발 기 보 리 심
若爲諸佛所護念이면   **則能發起菩提心**이니

약 득 발 기 보 리 심   즉 능 근 수 불 공 덕
若得發起菩提心이면   **則能勤修佛功德**이니라

만약 모든 부처님의 호념護念하는 바가 되면
곧 능히 보리심을 일으키리라.

만약 보리심을 일으키면

곧 능히 부처님의 공덕을 부지런히 닦으리라.

청량스님은 이 법문을 십주위十住位[7]를 밝힌 내용이라고
하였다. 만약 부처님이 염려하고 보호해 주는 바가 된다면
반드시 보리심을 일으키게 될 것이며, 보리심을 일으키면 당
연히 부처님이 닦으신 공덕을 따라서 부지런히 닦게 될 것이
다. 십주의 제1 발심주와 제2 치지주, 제3 수행주를 대략 밝
혔다.

약 능 근 수 불 공 덕   즉 득 생 재 여 래 가
若能勤修佛功德이면   則得生在如來家니

약 득 생 재 여 래 가   즉 선 수 행 교 방 편
若得生在如來家면   則善修行巧方便이니라

만약 능히 부처님의 공덕을 부지런히 닦으면

곧 여래의 집에 태어나리라.

---

7) 십주十住. 십발취十發趣 또는 십지十地라고도 한다. 보살의 수행 계위階位인 52위
位 중에서 제11위부터 제20위까지를 말한다. ①발심주發心住 ②치지주治地住 ③
수행주修行住 ④생귀주生貴住 ⑤구족방편주具足方便住 ⑥정심주正心住 ⑦불퇴주
不退住 ⑧동진주童眞住 ⑨법왕자주法王子住 ⑩관정주灌頂住.

만약 여래의 집에 태어나면
곧 훌륭한 방편을 잘 닦아 행하리라.

여래의 집에 태어난다는 뜻은 여래의 장자가 되어 여래의
법을 이어받고 여래가 하던 일을 맡아서 다 실천한다는 의
미다. 다시 말하면 여래로서 당당하게 온갖 훌륭한 방편을
써서 중생을 제도한다는 것이다. 그러므로 신심 있는 불자
라면 여래의 집에 태어나는 것을 큰 영광으로 생각하리라.
모든 불자는 누구나 궁극에는 여래의 집에 태어나서 여래가
하시던 일을 실천해야 하는 의무와 책임을 가지고 있다. 생
귀주와 구족방편주를 대략 밝혔다.

약 선 수 행 교 방 편
若善修行巧方便이면

즉 득 신 락 심 청 정
則得信樂心淸淨이니

약 득 신 락 심 청 정
若得信樂心淸淨이면

즉 득 증 상 최 승 심
則得增上最勝心이니라

만약 좋은 방편 잘 닦아 행하면
곧 믿고 즐거워하는 마음이 청정함을 얻으리라.

만약 믿고 즐거워하는 마음이 청정함을 얻으면
곧 더욱 더 가장 수승한 마음을 얻으리라.

세속적인 즐거움은 즐거운 뒤의 맛이 쓰고 흐리다. 그러
나 출세간의 즐거움은 진리를 믿고 이해하는 즐거움이기 때
문에 그 마음이 청정하다. 그 마음이 더욱 높고 가장 높고
제일 수승한 마음이다. 정심주와 불퇴주를 대략 밝혔다.

8) 십행위十行位를 밝히다

약 득 증 상 최 승 심　　　　즉 상 수 습 바 라 밀
若得增上最勝心이면　　　**則常修習波羅蜜**이니

약 상 수 습 바 라 밀　　　　즉 능 구 족 마 하 연
若常修習波羅蜜이면　　　**則能具足摩訶衍**이며

약 능 구 족 마 하 연　　　　즉 능 여 법 공 양 불
若能具足摩訶衍이면　　　**則能如法供養佛**이니라

만약 더욱 더 가장 수승한 마음을 얻으면
곧 항상 바라밀을 닦아 익히리라.

만약 항상 바라밀을 닦아 익히면
곧 능히 대승법大乘法을 구족하리니
만약 능히 대승법을 구족하면
곧 능히 여법하게 부처님께 공양하리라.

청량스님은 이 법문을 십행위+行位[8]를 밝힌 부분이라고
하였다. 수승한 마음이란 열 가지 등 온갖 바라밀을 닦아
익히는 마음이다. 열 가지 바라밀이란 곧 보살이 마땅히 갖
추어야 할 덕목이다. 보살로서 그 덕목을 갖추게 되면 저절
로 대승법을 구족하게 되고, 대승법을 구족하면 곧 모든 생
명이 부처님이라는 사실을 깨닫고 여법하게 모든 생명부처
님께 공양하게 될 것이다.

약 능 여 법 공 양 불
若能如法供養佛이면

즉 능 염 불 심 부 동
則能念佛心不動이니

---

8) 십행+行. 보살이 이타행을 실천하는 단계의 열 가지 과정. 보살의 52위位 중에서
제21위부터 제30위까지다. ①환희행歡喜行 ②요익행饒益行 ③무위역행無違逆行
④무굴요행無屈撓行 ⑤무치란행無癡亂行 ⑥선현행善現行 ⑦무착행無著行 ⑧난득
행難得行 ⑨선법행善法行 ⑩진실행眞實行.

약 능 염 불 심 부 동　　　　즉 상 도 견 무 량 불
若能念佛心不動이면　　**則常覩見無量佛**이니라

만약 능히 여법하게 부처님께 공양하면
곧 능히 부처님을 생각하는 마음이 움직이지 않으리니
만약 능히 부처님을 생각하는 마음이 움직이지 않으면
곧 항상 한량없는 부처님을 친견하게 되리라.

　법문의 형식이 꼬리에 꼬리를 물고 연결되어 일어나고 있다. 이러한 형식은 곧 법계의 모든 존재는 하나로 독립되어 있는 것이 아니고 모두가 법계적 연관 관계를 맺고 있음을 나타낸다. 일체 존재의 동시성과 구족성이다. 즉 하나를 들면 전체가 들리게 되어 있음을 보여 주는 법문의 형식이다. 내용과 형식이 모두 법계연기임을 나타내고 있다. 여법하게 모든 생명 부처님께 공양하게 되면 부처님을 생각하는 마음이 움직이지 아니하고, 부처님을 생각하는 마음이 움직이지 아니하면 모든 사람, 모든 생명, 모든 유형무형과 유정무정의 한량없는 부처님을 친견하게 될 것이다. 인불사상人佛思想을 넘어 만유개불萬有皆佛사상으로 나아가리라.

9) 십회향위+廻向位를 밝히다

약 상 도 견 무 량 불   즉 견 여 래 체 상 주
若常覩見無量佛이면   **則見如來體常住**니

약 견 여 래 체 상 주   즉 능 지 법 영 불 멸
若見如來體常住면   **則能知法永不滅**이니라

만약 항상 한량없는 부처님을 친견하게 되면
곧 여래의 본체가 항상 머무심을 보리라.
만약 여래의 본체가 항상 머무심을 보게 되면
곧 능히 법이 길이 없어지지 아니함을 알게 되리라.

청량스님은 이 법문을 십회향위+廻向位[9)]를 밝힌 내용이라
고 하였다. 모든 사람, 모든 생명, 모든 존재가 부처님이라
는 사실을 알게 되면 진리인 여래의 본체가 상주불멸常住不滅
한다는 사실을 깨닫게 된다. 진리인 여래가 상주불멸한다는
것은 곧 진리인 법이 상주불멸한다는 뜻이다. 모든 존재, 모
든 생명의 불생불멸성이다.

약 능 지 법 영 불 멸
若能知法永不滅이면

즉 득 변 재 무 장 애
則得辯才無障礙니

약 능 변 재 무 장 애
若能辯才無障礙면

즉 능 개 연 무 변 법
則能開演無邊法이니라

만약 능히 법이 영원히 없어지지 아니함을 알게 되면

곧 걸림 없는 변재를 얻으리니

만약 걸림 없는 변재를 얻으면

곧 능히 끝없는 법을 연설하리라.

법은 진리다. 진리는 영원히 없어지지 않는다. 이러한 사
실을 알게 되면 걸림 없는 변재를 얻을 것이다. 걸림 없는 변
재란 말을 잘하는 것이 아니라 참다운 이치에 통달하는 것
이다. 참다운 이치에 통달하면 변재도 걸림이 없을 것이며
끝없는 법을 연설할 것이다.

---

9) 십회향十廻向. 보살이 수행해야 할 열 가지 회향. 보살 수행 52위 가운데 31위부
터 40위까지이다. 곧 ①구호일체중생이중생상회향救護一切衆生離衆生相廻向 ②불괴
회향不壞廻向 ③등일체제불회향等一切諸佛廻向 ④지일체처회향至一切處廻向 ⑤무진
공덕장회향無盡功德藏廻向 ⑥입일체평등선근회향入一切平等善根廻向 ⑦등수순일체중
생회향等隨順一切衆生廻向 ⑧진여상회향眞如相廻向 ⑨무박무착해탈회향無縛無着解脫
廻向 ⑩입법계무량회향入法界無量廻向을 이른다.

약 능 개 연 무 변 법
若能開演無邊法이면

즉 능 자 민 도 중 생
則能慈愍度衆生이니

약 능 자 민 도 중 생
若能慈愍度衆生이면

즉 득 견 고 대 비 심
則得堅固大悲心이니라

만약 능히 끝없는 법을 연설하면

곧 능히 자비와 애민哀愍으로 중생을 제도하리니

만약 능히 자비와 애민으로 중생을 제도하면

곧 견고한 대비심大悲心을 얻으리라.

세상의 모든 존재와 인생의 이치를 알고 나면 끝없이 법을 설할 것이며, 법을 설하면 자비로 중생을 제도할 것이다. 자비로 중생을 제도하면 자비심은 더욱 견고해지리라. 불보살들의 전법도중생傳法度衆生의 길이다. 재산을 모으면 사람들에게 재산을 베풀게 되고 법을 많이 알게 되면 사람들에게 진리의 가르침을 베풀게 된다.

10) 십지위+地位를 밝히다

(1) 초지初地를 말하다

약 능 견 고 대 비 심
若能堅固大悲心이면

즉 능 애 락 심 심 법
則能愛樂甚深法이니

만약 능히 견고한 대비심을 얻으면
곧 능히 깊고 깊은 법을 좋아하고 즐겨하리라.

청량스님은 십지위+地位[10] 중 초지의 법문이라고 하였다. 초지는 환희지歡喜地다. 진정한 대자비심이 견고해지는 것과 무상심심미묘법을 애착하고 즐겨하는 것은 둘이 아니다. 바른 법을 아는 것은 곧 자비심이 견고해지는 것이다. 법을 알고 있으면서 자비심으로 자신이 알고 있는 법을 전하려고 하지 않는다면 그는 법을 아는 사람이라고 할 수 없다.

---

10) 십지+地. 보살이 수행하는 과정에서 거치는 52위 가운데 제41위로부터 제50위까지의 계위階位다. 부처의 지혜를 만들어 내고 온갖 중생을 짊어지고 가르치고 이끌어서 이롭게 하는 지위에 이르는 것으로, ①환희지歡喜地 ②이구지離垢地 ③발광지發光地 ④염혜지焰慧地 ⑤난승지難勝地 ⑥현전지現前地 ⑦원행지遠行地 ⑧부동지不動地 ⑨선혜지善慧地 ⑩법운지法雲地이다.

(2) 이지二地를 말하다

약 능 애 락 심 심 법
若能愛樂甚深法이면

즉 능 사 리 유 위 과
則能捨離有爲過니라

만약 능히 깊고 깊은 법을 좋아하고 즐기면
곧 능히 유위有爲의 허물을 버리게 되리라.

이지는 이구지離垢地다. 무상심심미묘법을 진정으로 애착
하고 즐거워하는 사람은 절대로 유위有爲의 허물을 짓지 않
는다. 미묘한 법을 공부하고 애착하고 즐기기에도 시간이
없는데 다시 무엇을 하겠는가. 인생의 최고 가치를 묘법을
공부하는 것으로 여기기 때문이다.

(3) 3지와 4지를 말하다

약 능 사 리 유 위 과
若能捨離有爲過면

즉 리 교 만 급 방 일
則離憍慢及放逸이니

약 리 교 만 급 방 일
若離憍慢及放逸이면

즉 능 겸 리 일 체 중
則能兼利一切衆이니라

만약 유위有爲의 허물을 버리고 여의게 되면

곧 교만과 방일을 여의리니

만약 교만과 방일을 여의면

곧 능히 겸하여 일체 중생까지 이롭게 하리라.

3지와 4지는 발광지發光地와 염혜지焰慧地이다. 세속적인 유위有爲의 허물을 더 이상 짓지 않는 사람은 교만하거나 방일하지 않게 된다. 최상승의 불법 앞에서 겸손하고 또한 열심히 정진하는 마음뿐이기 때문이다. 만약 한 보살이 이와 같은 경지에 들어 정진한다면 일체 중생에게도 큰 이익을 줄 수 있을 것이다.

(4) 5지를 말하다

약 능 겸 리 일 체 중　　　즉 처 생 사 무 피 염
若能兼利一切衆이면　　**則處生死無疲厭**이니

약 처 생 사 무 피 염　　　즉 능 용 건 무 능 승
若處生死無疲厭이면　　**則能勇健無能勝**이니라

만약 능히 겸하여 일체 중생까지 이롭게 하면

곧 생사에 처하여도 피로하거나 싫어함이 없으리니

만약 생사에 처하여도 피로하거나 싫어함이 없으면
곧 능히 용맹하고 강건하여 이길 이가 없으리라.

5지는 난승지難勝地다. 보살이 중생들을 이익하게 하는
길에는 설사 죽음이 앞에 있어도 피로해하거나 싫어하지 않
는다. 보살의 삶은 오로지 중생을 위한 삶이기 때문이다. 생
사가 앞에 닥쳐도 싫어하지 않을 만치 중생을 사랑한다면
그 사람은 용감하고 날쌔고 강건하다. 그와 대적할 사람은
어느 누구도 없을 것이다. 마치 불 속에 있는 철없는 어린 자
식을 살리려는 어머니의 용감하고 날쌘 모습과도 같다.

(5) 6지를 말하다

약 능 용 건 무 능 승　　　즉 능 발 기 대 신 통
若能勇健無能勝이면　　**則能發起大神通**이니

약 능 발 기 대 신 통　　　즉 지 일 체 중 생 행
若能發起大神通이면　　**則知一切衆生行**이니라

만약 능히 용맹하고 강건하여 이길 이가 없으면
곧 능히 큰 신통을 일으키리니

만약 능히 큰 신통을 일으키면

곧 일체 중생의 행行을 알리라.

6지는 현전지現前地다. 보살이 중생을 위하는 모습이 마치 불 속에 있는 철없는 어린 자식을 살리려는 어머니의 용감하고 날쌘 행위와 같다. 이는 곧 뛰어난 신통이다. 천지가 감동하여 그를 보호하고 돌볼 것이다. 보살이 이와 같이 보살행을 한다면 일체 중생들의 행위와 삶을 꿰뚫어 볼 것이다.

(6) 7지를 말하다

약 지 일 체 중 생 행	즉 능 성 취 제 군 생
若知一切衆生行이면	則能成就諸群生이니

약 능 성 취 제 군 생	즉 득 선 섭 중 생 지
若能成就諸群生이면	則得善攝衆生智니라

만약 일체 중생의 행을 안다면

곧 능히 모든 군생群生들을 성취하리니

만약 능히 모든 군생들을 성취하면

곧 중생들을 잘 거둬 주는 지혜를 얻으리라.

7지는 원행지遠行地다. 보살이 중생을 교화하고 성숙하게 하려면 중생들의 성향을 잘 알아야 한다. 중생들의 성향을 잘 알아서 중생들을 교화하고 성숙하게 하려면 또 중생들을 잘 거두어 주는 지혜를 얻어야 한다.

약 득 선 섭 중 생 지
若得善攝衆生智면

즉 능 성 취 사 섭 법
則能成就四攝法이니

약 능 성 취 사 섭 법
若能成就四攝法이면

즉 여 중 생 무 한 리
則與衆生無限利며

약 여 중 생 무 한 리
若與衆生無限利면

즉 구 최 승 지 방 편
則具最勝智方便이니라

만약 중생을 잘 거둬 주는 지혜를 얻으면

곧 능히 사섭법四攝法을 성취하리니

만약 능히 사섭법을 성취하면

곧 중생들에게 무한한 이익을 주게 되리라.

만약 중생들에게 무한한 이익을 주면

곧 가장 수승한 지혜 방편을 구족하리라.

　중생을 잘 거둬 주는 지혜란 곧 사섭법이다. 사섭법이란
보시로써 중생을 섭수하고, 사랑스러운 말로 중생을 섭수하
고, 상대에게 이로운 행동으로 중생을 섭수하며, 같은 일을
함께함으로써 중생을 섭수하는 것이다. 이러한 섭수하는 법
으로 중생을 섭수하여 무한한 이익을 주게 되고, 이것은 곧
수승한 지혜 방편이 된다. 보살이 중생을 교화하는 데 가장
중요한 네 가지 방법이다. 사섭법을 떠나서는 중생을 교화
할 수 없다.

(7) 8지를 말하다

약 구 최 승 지 방 편
若具最勝智方便이면

즉 주 용 맹 무 상 도
則住勇猛無上道니

약 주 용 맹 무 상 도
若住勇猛無上道면

즉 능 최 진 제 마 력
則能摧殄諸魔力이니라

약 능 최 진 제 마 력
若能摧殄諸魔力이면

즉 능 초 출 사 마 경
則能超出四魔境이니

만약 가장 수승한 지혜 방편을 구족하면
곧 용맹한 가장 높은 도道에 머물리라.
만약 용맹한 가장 높은 도에 머물면
곧 능히 모든 마魔의 힘을 꺾어 없애리라.
만약 능히 모든 마의 힘을 꺾어 없애면
곧 능히 네 가지 마의 경계에서 벗어나리라.

8지는 부동지不動地다. 수행하는 데는 용맹심이 있어야
한다. 용맹정진이라는 정진도 있지 않은가. 용맹심이 없으
면 마군의 무리에 끌려다니고 휘둘린다. 수행에서 가장 경계
하는 것은 마군인데 여기서는 네 가지 마군을 말하고 있다.
그 네 가지란 번뇌마煩惱魔, 오음마五陰魔, 사마死魔, 타화자재
천마他化自在天魔이다. 모두가 수행을 방해하고 선행을 방해
하는 것들이다. 이 모든 마에서 벗어나야 한다.

약 능 초 출 사 마 경
若能超出四魔境이면

즉 득 지 어 불 퇴 지
則得至於不退地니라

약 득 지 어 불 퇴 지　　　　즉 득 무 생 심 법 인
若得至於不退地면　　　**則得無生深法忍**이니

약 득 무 생 심 법 인　　　　즉 위 제 불 소 수 기
若得無生深法忍이면　　**則爲諸佛所授記**니라

만약 능히 네 가지 마의 경계에서 벗어나면

곧 물러나지 않는 곳에 이르게 되리라.

만약 물러나지 않는 곳에 이르게 되면

곧 생멸이 없는 깊은 법인法忍을 얻게 되리라.

만약 생멸이 없는 깊은 법인을 얻게 되면

곧 모든 부처님께서 수기授記하심이 되리라.

세상에 존재하는 모든 사물이나, 사람들이 일으키는 사건들이나, 한 계단 한 계단 수행을 쌓아 가는 일이나, 모두가 법계연기적 관계라는 범주 안에서 이뤄진다. 연쇄적으로 반응하는 것이 마치 도미노 현상과도 같다. 경전은 이러한 사실들을 보살의 수행계위를 설명하면서 밝히고 있다.

8지를 밝힌 내용 끝부분의 "모든 부처님께서 수기授記하심이 되리라."는 것은 사람 사람이 본래로 부처님이라는 것을 보증하는 의식이다. 불교의 교설 중에서 수기는 대단히

중요한 부분이다. 어쩌면 불교의 결론이라고도 할 수 있다. 부처님의 마지막 설법을 법화경이라고 하는데 곧 유언처럼 설해진 경전이다. 법화경은 수기의 내용이 매우 많기 때문에 혹은 수기경이라고도 부른다. 세존은 최후의 눈을 감으면서 모든 사람이 본래부터 그대로 부처님이라는 보증을 하여 제자들을 수행이라는 올가미에서 해방시켰다.

(8) 9지를 말하다

약 득 제 불 소 수 기
若得諸佛所授記면

즉 일 체 불 현 기 전
則一切佛現其前이니

만약 모든 부처님의 수기하시는 바를 얻으면
곧 일체 부처님이 그 앞에 나타나리라.

9지는 선혜지善慧地다. 수기란 사람 사람이 본래로 부처님이라는 사실을 보증하는 의식이다. 탐진치 삼독과 8만4천 번뇌를 다 지닌 그대로 부처님이라는 놀랍고도 충격적인 의식이다. 화엄경 여래출현품에서도 이렇게 말씀하였다. "그때에 여래가 장애 없는 청정한 눈으로 법계에 있는 일체 중생

을 두루 관찰하시고 이러한 말씀을 하였다. '신기하고 신기
하여라. 이 모든 중생들이 어찌하여 여래의 지혜와 덕상을
갖추고 있건만 어리석고 미혹해서 알지 못하고 보지 못하는
가. 내가 마땅히 성도聖道로써 가르쳐서 그들로 하여금 망상
집착을 영원히 떠나고 스스로 자신 가운데 여래의 광대한 지
혜가 부처님과 다름이 없음을 보게 할 것이다.'"11) 사람의 생
명 안에 부처님이 본자구족本自具足하고 있음을 여실히 증명
하신 가르침이다.

이와 같이 이해하면 보이는 것이나 보이지 않는 것이 모
두 부처님이요, 들리는 것이나 들리지 않는 것이 다 부처님
의 법문의 소리일 것이다. 처처불상 사사불공이리라.

약 일 체 불 현 기 전   즉 료 신 통 심 밀 용
若一切佛現其前이면   則了神通深密用이니라

---

11) 爾時如來가 以無障礙淸淨智眼으로 普觀法界一切衆生하고 而作是言하사대
奇哉奇哉라 此諸衆生이 云何具有如來智慧언마는 愚癡迷惑하야 不知不見
고 我當敎以聖道하야 令其永離妄想執着하고 自於身中에 得見如來廣大智
慧가 與佛無異케호리라.

약 료 신 통 심 밀 용
若了神通深密用이면

즉 위 제 불 소 억 념
則爲諸佛所憶念이니

약 위 제 불 소 억 념
若爲諸佛所憶念이면

즉 이 불 덕 자 장 엄
則以佛德自莊嚴이니라

만약 모든 부처님이 그 앞에 나타나면
곧 신통의 깊고 비밀한 작용을 요달하리라.
만약 신통의 깊고 비밀한 작용을 요달하면
곧 모든 부처님의 기억하고 생각하는 바가 되리라.
만약 모든 부처님의 기억하고 생각하는 바가 되면
곧 부처님의 공덕으로써 스스로를 장엄하리라.

스스로가 부처님이라는 사실을 깊이 믿고 확실하게 이해
하였으면 따라서 모든 사람이 다 부처님이다. 신통의 깊고
비밀한 작용은 무엇이겠는가. 이와 같이 보고 듣고 알고 느
끼고 작용하는 것이다. 이보다 더 비밀한 것은 없으리라. 그
리고 이것은 곧 부처님의 공덕으로써 스스로를 장엄하는 것
이다.

(9) 십지十地를 말하다

1〉 신업身業의 덕德

약 이 불 덕 자 장 엄　　　즉 획 묘 복 단 엄 신
若以佛德自莊嚴이면　　　**則獲妙福端嚴身**이니

약 획 묘 복 단 엄 신　　　즉 신 황 요 여 금 산
若獲妙福端嚴身이면　　　**則身晃耀如金山**이니라

만약 부처님의 공덕으로써 스스로를 장엄하면

곧 묘한 복福으로 단정히 장엄한 몸을 얻으리라.

만약 묘한 복으로 단정히 장엄한 몸을 얻으면

곧 몸이 금산과 같이 찬란하리라.

약 신 황 요 여 금 산　　　즉 상 장 엄 삼 십 이
若身晃耀如金山이면　　　**則相莊嚴三十二**니

약 상 장 엄 삼 십 이　　　즉 구 수 호 위 엄 식
若相莊嚴三十二면　　　**則具隨好爲嚴飾**이니라

만약 몸이 금산과 같이 찬란하면

곧 삼십이상三十二相으로 장엄하리라.

만약 삼십이상으로 장엄하면

수호상隨好相을 갖추어 훌륭히 장식하리라.

10지는 법운지法雲地다. "부처님의 공덕으로써 스스로를 장엄한다."는 말은 얼마나 감동적이고 가슴 떨리는 말인가. 세상의 부귀공명은 제 마음대로 되지 않지만 부처님의 공덕으로 스스로를 장엄하는 일은 우리의 마음먹기에 달린 것이다. 부처님의 공덕으로 스스로를 장엄하면 이루지 못할 일이 없으리라. 미묘한 복으로 단정히 장엄한 몸과 금산처럼 찬란한 모습과 32상과 80종호 등 갖출 수 있는 것은 다 갖추어 세상에서 가장 아름답고 훌륭한 모습의 덕화가 사람들을 매료시키는 그와 같은 신업身業의 덕德을 갖춘 사람이 될 것이다.

실로 화엄경은 사람이 마음먹은 대로 되는 요술방망이다. 덕이 넘치는 아름답고 수려한 몸매도 만들 수 있다. 아름답고 신비한 경치도 이 화엄경에 다 있다. 굳이 멀리 외국까지 여행할 필요가 없다. 부귀공명도 이 화엄경 안에 다 갖춰져 있다. 어떤 기쁨과 환희와 즐거움도 다 갖춰져 있는 것이 화엄경이다. 그래서 화엄경은 우보익생만허공雨寶益生滿虛

쏟이다. 금은보화가 하늘 가득 폭우가 쏟아지듯이 쏟아지
는 일이다.

약 구 수 호 위 엄 식　　　즉 신 광 명 무 한 량
若具隨好爲嚴飾이면　　　則身光明無限量이니

약 신 광 명 무 한 량　　　즉 부 사 의 광 장 엄
若身光明無限量이면　　　則不思議光莊嚴이니라

약 부 사 의 광 장 엄　　　기 광 즉 출 제 연 화
若不思議光莊嚴이면　　　其光則出諸蓮華니

만약 수호상을 갖추어 훌륭히 장식하면
곧 몸의 광명이 한량없으리라.
만약 몸의 광명이 한량없으면
곧 부사의한 광명으로 장엄하리니
만약 부사의한 광명으로 장엄하면
그 광명이 곧 모든 연꽃을 피우리라.

위에서 말한 부처님의 공덕으로 스스로를 장엄하면 모든
것이 다 이뤄진다. 광명이 한량없고 끝내는 그 광명이 연꽃

을 피우리라. 세상은 하나의 연꽃이다. 세계일화世界一花라는 말과 같이. 연꽃이란 무엇인가. 가장 더러운 시궁창에서 피지만 가장 아름답고 향기로운 꽃이 아니던가. 사람이란 온갖 탐진치 삼독과 8만4천 번뇌 망상으로 뒤범벅이 되어 있는 듯 보이지만 바로 그곳에서 위대한 부처님이 얼굴을 드러낸다. 문수보살 보현보살 관음보살 지장보살이 활발발하게 작용하는 것이 또한 사람이다. 그 사람을 떠나서 달리 무슨 부처님이 있으며, 달리 무슨 문수보살 보현보살 관음보살 지장보살이 있던가.

기 광 약 출 제 연 화
其光若出諸蓮華면

즉 무 량 불 좌 화 상
則無量佛坐華上이니라

시 현 시 방 미 불 변
示現十方靡不徧하야

실 능 조 복 제 중 생
悉能調伏諸衆生하나니

약 능 여 시 조 중 생
若能如是調衆生이면

즉 현 무 량 신 통 력
則現無量神通力이니라

그 광명이 만약 모든 연꽃을 피우면
곧 한량없는 부처님이 연꽃 위에 앉으시어

시방에 나타내 보이심이 두루 하지 않음이 없어
다 능히 모든 중생을 조복하시니라.
만약 능히 이와 같이 중생을 조복하면
곧 한량없는 신통력을 나타내리라.

부처님의 공덕으로 스스로를 장엄하는 일이 계속 이어진
다. 연꽃이 피고 연꽃 위에는 부처님이 앉으시어 시방에 두
루 나타내 보이신다. 부처님의 몸이 시방에 두루 하여 모든
중생을 교화·조복하신다.

2) 어업語業의 덕德

약 현 무 량 신 통 력
若現無量神通力이면

즉 주 불 가 사 의 토
則住不可思議土하고

연 설 불 가 사 의 법
演說不可思議法하야

영 부 사 의 중 환 희
令不思議衆歡喜니라

만약 한량없는 신통력을 나타내면
곧 불가사의한 국토에 머물게 되고
불가사의한 법을 연설하여

불가사의한 중생으로 하여금 환희케 하리라.

부처님의 불가사의한 어업의 덕을 밝혔다. 불가사의한 국토와 불가사의한 법과 불가사의한 중생이란 무엇일까. 실로 모든 존재의 근본은 마음이기 때문에 불가사의한 마음에 의한 모든 것은 다 불가사의하다. 특히 부처님의 어업語業의 덕德은 이와 같은 불가사의한 법을 연설하는 데 있다. 사람은 하루 중에 가장 많이 하는 것이 말이다. 그러므로 말로 인해서 재앙을 저지르는 일도 많다. 구시화문口是禍門이라 하지 않던가. 오죽했으면 수행자들이 가슴에 묵언패默言牌를 달고 다니겠는가.

그와는 반대로 모든 불보살과 일체 선지식들은 사람을 감동시키는 사랑의 말만 한다. 깨달음의 눈을 뜨게 하는 진리의 가르침만을 설하신다. 참으로 불가사의한 법을 연설하여 중생들을 환희케 한다. 이것이 입을 가지고 말을 할 수 있는 능력을 한껏 발휘하는 길이며, 어업의 덕이다.

3〉의업意業의 덕德

약 설 불 가 사 의 법
若說不可思議法하야

영 부 사 의 중 환 희
令不思議衆歡喜면

즉 이 지 혜 변 재 력
則以智慧辯才力으로

수 중 생 심 이 화 유
隨衆生心而化誘니라

만약 불가사의한 법을 연설하여

불가사의한 중생을 환희케 하면

곧 지혜와 변재의 힘으로써

중생의 마음을 따라 교화하리라.

약 이 지 혜 변 재 력
若以智慧辯才力으로

수 중 생 심 이 화 유
隨衆生心而化誘면

즉 이 지 혜 위 선 도
則以智慧爲先導하야

신 어 의 업 항 무 실
身語意業恒無失이니라

만약 지혜와 변재의 힘으로써

중생의 마음을 따라 교화한다면

곧 지혜로써 앞장서서 이끌어 인도함[先導]을 삼아

신身·어語·의업意業에 항상 손실이 없으리라.

지혜와 변재의 힘이 있으면 곧 중생의 마음을 따라 교화할 것이며, 중생의 마음을 따라 교화하는 이는 반드시 지혜로써 앞장서서 인도할 것이다. 불법에서는 지혜를 우선으로 삼는다. 지혜로써 선도를 삼는 것은 부처님의 의업의 덕이다. 보통 사람도 모든 일에 지혜로써 선도를 삼아야 일을 그르치지 않는다. 지혜를 우선으로 하는 사람은 의업의 덕이 있는 사람이라고 할 수 있다. 그러므로 "신身·어語·의업意業에 항상 손실이 없다."고 하였다.

4) 삼업三業의 공덕

약 이 지 혜 위 선 도
若以智慧爲先導하야

신 어 의 업 항 무 실
身語意業恒無失이면

즉 기 원 력 득 자 재
則其願力得自在하야

보 수 제 취 이 현 신
普隨諸趣而現身이니라

만약 지혜로써 앞장서서 이끌어 인도함을 삼아서

신·어·의업에 항상 손실이 없으면

곧 그 원력이 자재함을 얻어서

널리 모든 갈래를 따라서 몸을 나타내리라.

지혜가 선도가 되고 신·어·의업에 아무런 실수가 없으면 보살이 세우는 원력은 이루지 못할 것이 없으리라. 그 원력이 자유자재하다면 중생을 교화하는 데 있어서 지옥처럼 사는 사람도, 아귀처럼 사는 사람도, 축생처럼 사는 사람도 다 교화할 수 있을 것이다. 교화하려고 해도 마음대로 교화가 되지 않는 것은 지혜가 선도되지 못하여 신·어·의업이 원만하지 못하고 문제가 있기 때문이다. 그러므로 교화를 받을 상대를 문제 삼을 것이 아니라 자신의 덕화가 어떤가를 문제 삼아야 할 것이다.

약 기 원 력 득 자 재　　보 수 제 취 이 현 신
若其願力得自在하야　普隨諸趣而現身이면

즉 능 위 중 설 법 시　　음 성 수 류 난 사 의
則能爲衆說法時에　音聲隨類難思議니라

만약 그 원력이 자재함을 얻어서
널리 모든 갈래를 따라 몸을 나타내면
곧 능히 중생들을 위해 법을 설할 때에
음성이 종류를 따름을 사의하기 어려우리라.

원력이 자유자재하여 지옥과 같은 사람에게도 나타나서 교화하고, 아귀와 같은 사람에게도 나타나서 교화하고, 축생과 같은 사람에게도 나타나서 교화하고, 아수라와 같은 사람에게도 나타나서 교화한다면 그는 중생을 위한 설법에 대자유를 얻은 사람이리라. 요컨대 중생을 위한 원력이 보현보살과 같아지기를 서원해야 하리라.

약 능 위 중 설 법 시
若能爲衆說法時에

음 성 수 류 난 사 의
音聲隨類難思議면

즉 어 일 체 중 생 심
則於一切衆生心에

일 념 실 지 무 유 여
一念悉知無有餘니라

만약 능히 중생을 위해 법을 설할 때에
음성이 종류를 따름을 사의하기 어려우면
곧 일체 중생들의 마음을
한 생각에 남김없이 다 알리라.

약 어 일 체 중 생 심　　　　일 념 실 지 무 유 여
若於一切衆生心에　　**一念悉知無有餘**면

즉 지 번 뇌 무 소 기　　　　영 불 몰 닉 어 생 사
則知煩惱無所起하야　**永不沒溺於生死**니라

만약 일체 중생들의 마음을

한 생각에 남김없이 다 알면

곧 번뇌가 일어나는 곳이 없음을 알아

길이 생사에 빠지지 않으리라.

"일체 중생들의 마음을 한 생각에 남김없이 다 알면 곧 번
뇌가 일어나는 곳이 없음을 알아 길이 생사에 빠지지 않으리
라."라고 하였다. 마음도 실체가 없어서 텅 비어 공하고, 텅
비어 공한 마음 위에 건립된 번뇌도 텅 비어 공하다. 텅 비어
공한 번뇌 위에 건립된 생사야 있을 까닭이 있겠는가. 이것
이 진여생명의 공무성空無性이다. 텅 비어 공무한 것만 아니고
진여생명에는 또한 온갖 만행과 만덕을 갖춘 원만구족성圓
滿具足性이 있다. 이와 같은 양면을 다 알고 다 활용하면 이상
적인 삶을 영위할 것이다.

5〉 법을 얻어 지위를 얻다

약 지 번 뇌 무 소 기   영 불 몰 닉 어 생 사
若知煩惱無所起하야   **永不沒溺於生死**면

즉 획 공 덕 법 성 신   이 법 위 력 현 세 간
則獲功德法性身하야   **以法威力現世間**이니라

만약 번뇌가 일어나는 곳이 없음을 알아

길이 생사에 빠지지 아니하면

곧 공덕의 법성신法性身을 얻어

법의 위신력으로 세간에 나타나리라.

법성法性은 원융하여 두 가지 모양이 없고, 제법은 움직이
지 않고 본래로 고요하다. 이와 같은 법성 위에 무량무변의
공덕이 있음을 알면 그것이 곧 공덕의 법성신이다. 사람 사
람은 본래로 공덕의 법성신을 갖추고 있건만 그것을 잊어버
리고 언제나 밖을 향해서 눈을 돌린다.

이런 선시가 있다.

"하루 종일 봄을 찾아도 봄을 찾지 못하고

짚신이 다 닳도록 언덕마루 쏘다니다가

집으로 돌아와서 매화나무 밑을 지나노라니

찾던 봄은 매화 나뭇가지에 이미 만발하였더라." [12]

약 획 공 덕 법 성 신   이 법 위 력 현 세 간
若獲功德法性身하야   **以法威力現世間**이면

즉 획 십 지 십 자 재   수 행 제 도 승 해 탈
則獲十地十自在하야   **修行諸度勝解脫**이니라

만약 공덕의 법성신을 얻어서

법의 위신력으로 세간에 나타나면

곧 십지+地와 십자재+自在를 얻어서

모든 바라밀을 닦아 해탈이 수승하여지리라.

생사를 초탈하여 법성신法性身을 얻으면 세간에 위신력을
나타내고 보살의 십지와 십자재를 얻고 모든 바라밀을 닦아
해탈이 수승하여지리라. 불교 수행의 가장 큰 목적은 해탈이
다. 해탈이 수승하여지면 더 이상 무엇에 흔들리겠는가.

----

12) 盡日尋春不見春 芒鞋遍踏隴頭雲 歸來偶過梅花下 春在枝頭已十分.

십자재十自在란 보살의 경지에 오르면 시공을 초월하여 자재하기 때문에 중생이 부르면 언제 어디서나 나타나는 것으로 묘사된다. 명자재命自在, 심자재心自在, 업자재業自在, 재자재財自在, 생자재生自在, 승해자재勝解自在, 원자재願自在, 신력자재神力自在, 지자재智自在, 혜자재慧自在이다.

6〉 삼매三昧에 머물다

약 득 십 지 십 자 재
若得十地十自在하야

수 행 제 도 승 해 탈
修行諸度勝解脫이면

즉 획 관 정 대 신 통
則獲灌頂大神通하야

주 어 최 승 제 삼 매
住於最勝諸三昧니라

만약 십지와 십자재를 얻어서
모든 바라밀을 닦아 해탈이 수승하여지면
곧 관정灌頂하는 큰 신통을 얻어서
가장 수승한 모든 삼매에 머물리라.

관정灌頂은 인도 제왕帝王의 즉위식 때 사대해수四大海水를 떠서 태자의 정수리에 부어 사해를 장악할 것을 기원하는 의

미에서 행해졌다. 불교에서도 이를 채택하여 수행자가 입문하거나 도를 깨달을 때 이 의식을 행하게 되었다. 여기에서는 부처님의 지위를 계승한다는 의미이다. 부처님의 지위를 계승하면 가장 수승한 해인삼매와 화엄삼매에 머물게 된다.

약 획 관 정 대 신 통
若獲灌頂大神通하야

주 어 최 승 제 삼 매
住於最勝諸三昧면

즉 어 시 방 제 불 소
則於十方諸佛所에

응 수 관 정 이 승 위
應受灌頂而昇位니라

만약 관정하는 큰 신통을 얻어서
가장 수승한 모든 삼매에 머물면
곧 시방의 모든 부처님이 계시는 곳에서
응당 관정을 받아 지위에 오르리라.

약 어 시 방 제 불 소
若於十方諸佛所에

응 수 관 정 이 승 위
應受灌頂而昇位면

즉 몽 시 방 일 체 불   수 이 감 로 관 기 정
則蒙十方一切佛이   **手以甘露灌其頂**이니라

만약 시방의 모든 부처님 계신 곳에서

응당 관정을 받아 지위에 오르면

곧 시방의 모든 부처님께서

손수 감로甘露로써 관정하여 줌을 입게 되리라.

화엄의 이치는 일지一地에 일체지一切地를 구족하는 것이다. 처음 발심한 때에 곧 정각을 이루는 것과 같다. 한 부처님에게 관정을 받으면 곧 시방 일체 부처님에게 관정을 받는 것이 된다. 이것이 진여불성의 불이성不二性이며 일체 존재의 원융성圓融性이다.

7〉 큰 작용의 측량하기 어려움

약 몽 시 방 일 체 불   수 이 감 로 관 기 정
若蒙十方一切佛이   **手以甘露灌其頂**이면

즉 신 충 변 여 허 공   안 주 부 동 만 시 방
則身充徧如虛空하야   **安住不動滿十方**이니라

만약 시방의 모든 부처님께서

손수 감로로써 관정하여 줌을 입으면

곧 몸이 허공과 같이 두루 충만하며

안주하여 움직이지 않고 시방에 가득하리라.

약 신 충 변 여 허 공　　안 주 부 동 만 시 방
若身充徧如虛空하야　　**安住不動滿十方**이면

즉 피 소 행 무 여 등　　제 천 세 인 막 능 지
則彼所行無與等하야　　**諸天世人莫能知**니라

만약 몸이 허공과 같이 두루 충만하여

안주하여 움직이지 않고 시방에 가득하면

곧 그가 행하는 바가 같을 이 없어

모든 천신과 세상 사람들이 알지 못하리라.

　곧 몸이 허공과 같이 두루 충만하여 안주하여 움직이지 않고 시방에 가득하게 된다는 것은 자신이 곧 시방세계가 되고 시방세계가 곧 자신이 되는 이치이다. 즉 시방세계와 자신이 둘이 아닌 경지에 이른 것이다. 그와 같은 경지를 천신과 세상 사람들이 어찌 알겠는가.

(10) 그 덕을 찬탄하여 맺다

1〉법을 말하다

보 살 근 수 대 비 행　　　　　　원 도 일 체 무 불 과
菩薩勤修大悲行하야　　　**願度一切無不果**일새

견 문 청 수 약 공 양　　　　　　미 불 개 령 획 안 락
見聞聽受若供養이면　　　**靡不皆令獲安樂**이니라

보살이 대비행大悲行을 부지런히 닦아

일체 중생을 제도하는 소원을 다 이루어

보고 듣고 받아들여 공양 올리면

안락을 얻지 못함이 없으리라.

　보살은 큰 자비의 행을 부지런히 닦아서 일체 중생을 모두 다 제도하고자 원력을 세웠다. 일체 중생이 다 제도되어 성불하였을 때 찾아뵙고 법문 듣고 가르침을 받아들여 공양을 올리면 이 세상 모든 중생들이 다 안락을 얻으리라.

피 제 대 사 위 신 력
彼諸大士威神力으로

법 안 상 전 무 결 감
法眼常全無缺減하야

십 선 묘 행 등 제 도
十善妙行等諸道의

무 상 승 보 개 령 현
無上勝寶皆令現이니라

저 모든 큰 보살의 위신력으로

법안法眼이 항상 온전해 결감缺減이 없어

십선十善 묘행妙行 등 모든 길의

가장 높고 수승한 보배가 모두 나타나게 하리라.

법의 눈이 완전하여 결손이 없어지면 십선十善이라는 아름다운 행과 그 외의 모든 선행과 가장 높은 수승한 보배를 다 나타나게 하는 것이 보살의 덕행이다.

십선十善이란 몸과 입과 마음으로 짓는 열 가지 죄악인 살생殺生, 투도偸盜, 사음邪婬, 망어妄語, 기어綺語, 악구惡口, 양설兩舌, 탐욕貪慾, 진에瞋恚, 사견邪見을 아울러 짓지 아니하고 반대로 그것을 선행으로 바꾸어 행하는 것이다. 즉 살생은 방생으로, 투도는 보시로, 사음은 청정행으로, 망어는 진실한 말로, 기어는 성실한 말로, 악구는 부드러운 말로, 양설은 화합시키는 말로, 탐욕은 청빈으로, 진에는 자비로, 사견은 정견으로 바꾸는 것이다. 이것은 불교가 가르치는 가장 기본적인 아름다운 보살의 실천행이다.

2) 비유로써 밝히다

비 여 대 해 금 강 취
譬如大海金剛聚가

이 피 위 력 생 중 보
以彼威力生衆寶호대

무 감 무 증 역 무 진
無減無增亦無盡인달하야

보 살 공 덕 취 역 연
菩薩功德聚亦然이니라

비유컨대 큰 바다의 금강 무더기가
그 위력으로써 온갖 보석을 내되
덜함도 없고 더함도 없고 또한 다함도 없듯이
보살의 공덕 무더기도 또한 그러하리라.

보살의 큰 덕을 공덕의 무더기라고 하였다. 보살이 쌓은 공덕의 무더기는 마치 바다 속에 있는 다이아몬드 무더기와 같다. 바다 속에 있는 다이아몬드 무더기는 다이아몬드가 기본이 되고 그 외에도 다른 무량한 보석들을 거느리고 있어서 사람이 그것을 발견하기만 하면 덜함도 없고 더함도 없

고 또한 다함이 없이 무량한 재산을 소유하게 된다. 그것은
곧 진여불성의 공덕 무더기와 같다. 부처님의 무량공덕생명
은 사람 사람의 무량공덕생명이기 때문이다.

11) 무한한 큰 작용

(1) 해인삼매海印三昧

1〉 업의 작용이 두루 하다

혹 유 찰 토 무 유 불   어 피 시 현 성 정 각
或有刹土無有佛이어든 **於彼示現成正覺**하며

혹 유 국 토 부 지 법   어 피 위 설 묘 법 장
或有國土不知法이어든 **於彼爲說妙法藏**이니라

혹 어떤 찰토刹土에 부처님이 안 계시거든
거기에 정각을 이루어 나타내 보이며
혹 어떤 국토에 불법을 알지 못하거든
그곳에서 묘한 법을 연설하시니라.

부처님의 무한한 큰 작용 중에서 먼저 해인삼매를 들었다. 해인삼매란 해인정海印定이라고도 하는데 마치 바다에 바람 한 점 없어서 물결이 전혀 일지 않아 바다가 거울같이 맑고 밝아서 모든 그림자를 환하게 다 비추는 것과 같은 마음 상태를 말한다. 부처님이 화엄경을 설할 때 들었던 삼매다. 과거, 현재, 미래의 일체 것이 마음속에 다 나타나는 것이 마치 도장을 찍은 것과 같다. 그래서 약찬게略纂偈에서는 "일체 설법의 근본인 이 화엄경의 법륜을 굴리게 된 것은 해인삼매의 세력 때문이다[根本華嚴轉法輪 海印三昧勢力故]."라고 하였으며, 또 법성게法性偈에서는 "부처님께서 해인삼매 가운데서 마음대로 불가사의한 화엄경을 번성하게 설해 내셨다[能仁海印三昧中 繁出如意不思議]."라고 하였다.

부처님의 무한한 큰 작용, 즉 화엄의 경계는 이와 같은 해인삼매에서 나온 것이다. 선정禪定이란 그와 같은 힘이 있다. 설법을 하거나 설법을 들을 때도 먼저 삼매에 드는 이유가 그래서이다. 선정에 의하여 법을 설하고 선정에 의하여 법을 듣는다. 이와 같이 선정이 성취되면 지혜는 저절로 따라온다. 해인삼매라는 선정의 힘에 의해서 부처님이 계시지 않는

국토에서도 정각을 성취하고, 불법을 알지 못하는 국토에서
는 미묘한 법을 설하신다.

<table>
<tr><td>무유분별무공용
無有分別無功用_{하야}</td><td>어일념경변시방
於一念頃徧十方_{호대}</td></tr>
<tr><td>여월광영미부주
如月光影靡不周_{하야}</td><td>무량방편화군생
無量方便化群生_{이니라}</td></tr>
</table>

분별도 없고 공용_{功用}도 없어
한 생각 동안에 시방에 두루 하되
마치 달빛이 두루 하지 않음이 없음과 같이
한량없는 방편으로 중생을 교화하나니라.

해인삼매의 힘은 한순간에 부처님의 능력이 온 시방세계
에 두루 하여 마치 달빛이 온 세상을 다 비추듯 한다. 중생
을 제도하되 아무런 차별이 없고 공용도 없이 한다. 공용이
란 무엇을 하면 무엇을 한다는 상_相과 같은 것이다. 화엄의
세계에서는 공용이 없는 가운데서 공용을 보인다.

어 피 시 방 세 계 중
於彼十方世界中에

염 념 시 현 성 불 도
念念示現成佛道하야

전 정 법 륜 입 적 멸
轉正法輪入寂滅하며

내 지 사 리 광 분 포
乃至舍利廣分布니라

저 시방세계 가운데서

염념이 불도를 이루고

바른 법륜을 굴리고 적멸에 들며

사리舍利까지 널리 분포함을 나타내 보이느니라.

해인삼매의 힘에서는 곧 부처님의 일생을 다 나타내 보인
다. 그것도 순간순간마다에 정각을 이루고, 법륜을 굴리며,
열반에 들고, 다비를 치른 후 사리까지 온 세상에 분포하는
일을 다 나타내 보인다. 불교를 공부한 사람은 부처님의 생
애를 잘 안다. 불교인이 부처님의 생애를 알고 있다는 것은
언제나 부처님의 생애와 함께한다는 뜻이다. 부처님의 생애
중에서 무엇을 기억하든 언제나 부처님과 함께하는 것이 된
다. 그것이 곧 해인삼매다.

혹 현 성 문 독 각 도　　　　혹 현 성 불 보 장 엄
或現聲聞獨覺道하고　　**或現成佛普莊嚴**하야

여 시 개 천 삼 승 교　　　　광 도 중 생 무 량 겁
如是開闡三乘敎하사　　**廣度衆生無量劫**이니라

혹 성문과 독각의 도道를 나타내시고

혹 부처를 이루어 널리 장엄함을 나타내어

이와 같이 삼승교三乘敎를 여시어

한량없는 겁에 중생을 널리 제도하느니라.

　해인삼매에 의한 업의 작용이 두루 한 것을 밝히는 내용
에는 부처님이 성도하신 후 중생들의 근기에 맞추어 법을 설
하시는 내용이 들어 있다. 성문을 위한 고집멸도의 사제四諦
의 법도 설하시고, 연각을 위한 12인연의 법도 설하시고, 보
살을 위한 6바라밀의 법도 설하시고, 사람이 본래 부처님이
라는 일승법一乘法인 성불의 법도 설하신다. 모두가 수준을
따라 중생을 널리 제도하는 작용이다. 이 모두가 해인삼매
의 세력 때문이다.

혹 현 동 남 동 녀 형   천 룡 급 이 아 수 라
或現童男童女形과   **天龍及以阿修羅**와

내 지 마 후 라 가 등   수 기 소 락 실 령 견
乃至摩睺羅伽等하야   **隨其所樂悉令見**이니라

혹 동남동녀童男童女의 모습과

천신과 용과 아수라와

마후라가摩睺羅伽 등으로 나타내시어

그들이 좋아하는 바를 따라서 다 보게 하시니라.

　해인삼매의 큰 작용은 우주 공간에 있는 모든 것을 다 나타내 보인다. 그러므로 우주 공간에 있는 모든 것이 그대로 해인삼매의 큰 작용이다. 이것이 모든 사람이 본래로 가지고 있는 진여불성의 해인삼매성이다. 즉 사람의 진여불성에는 해인삼매의 성질과 능력을 본래 갖추고 있다. 그래서 우리 모두는 언젠가 동남동녀였으며, 천신이었으며, 용이었으며, 아수라였으며, 마후라가였다.

2〉 큰 작용의 의지依支

중 생 형 상 각 부 동   행 업 음 성 역 무 량
衆生形相各不同이요   **行業音聲亦無量**이어늘

여 시 일 체 개 능 현   해 인 삼 매 위 신 력
如是一切皆能現하나니   **海印三昧威神力**이니라

중생의 형상이 각각 다르고

행行과 업業과 음성 또한 한량없거늘

이와 같이 온갖 것을 모두 능히 나타내시니

이것은 해인삼매 위신력이로다.

앞에서 설명한 모든 작용과 중생의 형상이 각각 다르고
행과 업과 음성이 한량없는 그 모든 것을 나타내는 것은 다
같이 해인삼매의 위신력으로 인한 것이라고 하였다. 그대로
해인삼매세력고海印三昧勢力故이다.

(2) 화엄삼매華嚴三昧

엄 정 불 가 사 의 찰   공 양 일 체 제 여 래
嚴淨不可思議刹하고   **供養一切諸如來**하며

방 대 광 명 무 유 변　　　도 탈 중 생 역 무 한

放大光明無有邊하고　　**度脫衆生亦無限**이니라

불가사의한 세계를 장엄하고

일체 여래께 공양하며

큰 광명을 끝없이 놓아

중생을 제도함도 또한 한이 없도다.

　화엄삼매華嚴三昧란 불화엄삼매佛華嚴三昧 또는 화엄정華嚴定
이라고도 한다. 삼매란 선정인데 화엄경에는 열 가지 선정을
설하는 십정품十定品이 따로 있다. 화엄삼매는 그 열 가지 선
정 중 하나이기도 하다. 보현보살이 드는 삼매로서 깨달음
에 이르는 원인으로 보는 삼매다. 화엄경에는 해인삼매를 최
우선 삼매로 설정하고 비슷한 뜻으로 화엄삼매를 말하기도
한다. 두 가지 삼매가 특별히 다른 뜻은 아니다.

　세계를 장엄한다는 것은 세상 사람들이 모두 정직하게
살고 봉사하고 남을 배려하고 힘들고 고통받는 사람들을
서로 도우며 사는 그런 아름다운 세상을 만드는 것이다. 부
정과 부패와 사기와 협잡과 도적질과 음모와 해침이 난무하
는 이 세상이 언제쯤 그렇게 될는지 생각하면 안타깝기 그

지없다.

일체 여래께 공양한다는 것은 모든 사람 모든 생명을 여래로 받들어 섬기며 공양 공경하고 존중 찬탄하며 지극한 마음으로 예경한다는 뜻이다. 세상을 향기롭고 아름답게 하며 일체 생명을 받드는 일이 곧 큰 광명을 놓는 일이다. 세상을 향기롭고 아름답게 하며 일체 생명을 받드는 일보다 더 크고 위대한 광명이 어디에 또 있겠는가.

지 혜 자 재 부 사 의
智慧自在不思議이요

설 법 언 사 무 유 애
說法言辭無有礙라

시 계 인 진 급 선 정
施戒忍進及禪定과

지 혜 방 편 신 통 등
智慧方便神通等이여

여 시 일 체 개 자 재
如是一切皆自在가

이 불 화 엄 삼 매 력
以佛華嚴三昧力이니라

지혜가 자재하여 불가사의하고

법을 설하는 말씀에 걸림이 없어

보시 지계 인욕 정진 선정과

지혜와 방편과 신통 등이여,

이와 같이 온갖 것에 모두 자재함이

부처님의 화엄삼매華嚴三昧의 힘이로다.

화엄삼매의 힘을 밝히면서 일반적인 대승불교의 수행이 많이 등장하였다. 지혜와 설법과 6바라밀과 방편과 신통 등에 자재한 것이 화엄삼매의 힘이라고 하였다. 화엄삼매는 곧 화엄경이라고도 할 수 있다. 그래서 화엄경에는 8만4천 가지의 수행법과 일체 존재의 실상을 밝히는 진리의 가르침이 다 들어 있다.

(3) 인다라망因陀羅網 삼매

일 미 진 중 입 삼 매 　　　성 취 일 체 미 진 정
一微塵中入三昧하야　　**成就一切微塵定**호대

이 피 미 진 역 부 중 　　　어 일 보 현 난 사 찰
而彼微塵亦不增하고　　**於一普現難思刹**이니라

한 먼지 가운데서 삼매에 들어

일체 먼지에서 삼매를 성취하되

그 먼지도 또한 증가함이 없고

하나의 먼지에서 생각할 수 없는 세계를 나타내도다.

인다라망因陀羅網이란 제석천의 궁전을 덮고 있는 그물을 뜻한다. 그 그물은 모두 밝게 빛나는 구슬로 만들어져 있어서 구슬이 얼마나 많은지 헤아릴 수 없다. 낱낱 구슬마다 서로서로 비춰서 반사한다. 그러므로 구슬 하나에 무수한 구슬이 다 비치고 구슬 구슬마다 똑같이 서로를 다 비춘다. 인다라망 삼매란 하나하나의 삼매마다 서로서로 걸림 없이 하나가 되고 또 전체가 되는 무애無礙의 이치를 밝히는 뜻이다. 한 먼지에서 삼매에 들었는데 모든 먼지에서 다 삼매에 든다. 그래도 그 먼지는 더하지도 않고 덜하지도 않는다. 이것이 무애의 인다라망 삼매다.

피 일 진 내 중 다 찰
彼一塵內衆多刹이

혹 유 유 불 혹 무 불
或有有佛或無佛하며

혹 유 잡 염 혹 청 정
或有雜染或淸淨하며

혹 유 광 대 혹 협 소
或有廣大或狹小니라

저 한 먼지 속의 많고 많은 세계에

혹은 부처님이 계시고 혹은 안 계시며

혹은 잡되고 물들며 혹은 청정하고

혹은 넓고 크며 혹은 좁고 작으니라.

혹 부 유 성 혹 유 괴　　　　혹 유 정 주 혹 방 주
或復有成或有壞하며　　**或有正住或傍住**하며

혹 여 광 야 열 시 염　　　　혹 여 천 상 인 다 망
或如曠野熱時焰하고　　**或如天上因陀網**이니라

혹은 다시 이룩되고 혹은 파괴되며

혹은 바르게 머물고 혹은 곁에서 머물며

혹은 광야의 아지랑이 같고

혹은 천상의 인다라망그물 같으니라.

　하나의 먼지 속에 있는 세계 각양각색의 모습을 설명하
였다. 그 설명은 우리가 알고 있는 이 세상의 모습과 내용을
그대로 그리고 있다. 지금 우리가 살고 있는 이 세상을 떠나
서 달리 무슨 세계가 있을 것이며 달리 무슨 세계를 설명하
겠는가. 우주가 곧 지구며 지구가 곧 우주다. 하나의 세포

가 곧 그 사람이며 그 사람이 곧 하나의 세포인 이치이다. 하나의 지구 속에 온 우주가 다 있으며, 하나의 세포 속에 그 사람이 다 들어 있다. 그래서 세포 하나로 온전한 개를 복제하고, 온전한 돼지를 복제하고, 온전한 사람을 복제한다. 절대 눈 세포, 귀 세포, 코 세포 등으로 따로 존재하지 않는다. 하나의 세포 속에 다 포함되어 있다. 작은 세포의 세계나 큰 우주의 세계나 그 원리는 꼭 같다.

여 일 진 중 소 시 현
如一塵中所示現하야

일 체 미 진 실 역 연
一切微塵悉亦然하니

차 대 명 칭 제 성 인
此大名稱諸聖人의

삼 매 해 탈 신 통 력
三昧解脫神通力이니라

한 먼지 가운데 나타내 보인 바와 같이
일체 먼지에도 또한 다 그러하니
이것이 큰 명성 떨치는 모든 성인의
삼매와 해탈과 신통의 힘이로다.

법성게에 "한 먼지 속에 시방세계가 들어 있고 일체의 먼지 속에도 또한 그와 같다."라고 한 내용 그대로다. 이러한 이치를 깨달은 성인들은 다 알고 다 수용한다. 평생 동안 어부로 살아 온 노인의 이마에 있는 주름살에는 거친 비바람과 싸운 광경이 다 들어 있다. 폭풍에 떠밀려서 죽을 뻔했던 고초가 알알이 새겨져 있다. 때로는 만선의 기쁨으로 축제를 벌이던 춤과 풍악도 녹아 있다. 모든 사람들의 얼굴에 다 같이 이런 어부의 삶과 같은 역사가 서려 있다. 이 어찌 일미진중함시방一微塵中含十方이 아니며 일체진중역여시一切塵中亦如是가 아닌가.

(4) 삼매의 신통변화

1〉 공양의 전체

약 욕 공 양 일 체 불
若欲供養一切佛인댄

입 어 삼 매 기 신 변
入於三昧起神變하야

능 이 일 수 변 삼 천
能以一手徧三千하야

보 공 일 체 제 여 래
普供一切諸如來니라

만약 일체 부처님께 공양하고자 한다면

삼매에 들어가서 신통변화를 일으켜

능히 한 손으로 삼천대천세계에 두루 하여

널리 일체 모든 여래께 공양할지니라.

모든 부처님께 공양하려면 삼매에 들어가서 신통변화를
일으켜 한 손으로 삼천대천세계에 두루 하여 일체 모든 여래
에게 공양하여야 한다. 한 생각에 제불제조諸佛諸祖와 제보살
이 모두 그 가운데 있으므로 한 손으로 공양하는 것이다. 한
먼지 속에 시방세계가 들어 있듯이 한 생각 속에 일체 성인이
다 들어 있기 때문이다. 예컨대 "제석천왕帝釋天王이 풀 한 줄
기를 땅에 꽂고 부처님께 여쭙기를 '범찰梵刹을 이미 지어 마
쳤습니다.'라고 하니 세존께서 미소를 지었다."라는 말이 전
한다. 이 또한 선리禪理이며 화엄의 이치이다.

선불교에서 일화一花와 일할一喝과 일방一棒과 일지두一指頭
로 심오한 선리를 남김없이 다 표현하는 것도 또한 능히 한
손으로 삼천대천세계에 두루 하여 일체 모든 여래에게 공양
하는 이치에서 벗어나지 않는다.

2) 가지가지 공양

시 방 소 유 승 묘 화
十方所有勝妙華와

도 향 말 향 무 가 보
塗香末香無價寶를

여 시 개 종 수 중 출
如是皆從手中出하야

공 양 도 수 제 최 승
供養道樹諸最勝이니라

시방에 있는 수승하고 묘한 꽃과

바르는 향과 가루 향과 값으로 칠 수 없는 보배 등

이러한 것 모두를 손 가운데서 만들어 내어

가장 수승한 보리수에 공양하나니라.

보현행원품에서는 공양에 대하여 이와 같이 설법하였다.
"선남자여, 먼저 말한 꽃 공양, 향 공양, 등불 공양 등 여러
가지로 공양한 한량없는 공덕을 한 생각 잠깐 동안 법으로
공양한 공덕에 비하면 백 분의 일이 못 되고 천 분의 일도 못
되며, 백 천구지 나유타 분의 일, 가라 분의 일, 산 분의 일,
수 분의 일, 우파니사타 분의 일도 못 되느니라. 왜냐하면
모든 부처님들은 법을 존중하기 때문이며, 부처님 말씀대로
수행함이 부처님을 출생하기 때문이며, 만일 보살들이 법 공
양을 행하면 이것이 곧 부처님께 공양함을 성취하는 것이며,

이와 같이 수행함이 진실한 공양이기 때문이니라."

보리수에 공양한다는 것은 깨달음에 공양한다는 뜻이다. 깨달음에 공양한다는 뜻은 보살이 깨달음을 위해서 온갖 여러 가지 중요한 것을 다 보시한다는 의미이다. 그 또한 궁극에는 법공양에 해당한다. 설사 이치가 그렇더라도 손 하나에서 벗어나지 않는다. 이 무슨 의미일까.

무 가 보 의 잡 묘 향
無價寶衣雜妙香과

보 당 번 개 개 엄 호
寶幢幡蓋皆嚴好와

진 금 위 화 보 위 장
眞金爲華寶爲帳을

막 불 개 종 장 중 우
莫不皆從掌中雨니라

값으로 칠 수 없는 보배옷과 온갖 묘한 향과
보배깃대와 번과 일산과 모든 장엄과
진금으로 만든 꽃과 보배로 된 휘장을
모두 손바닥 가운데서 비 내리듯 하도다.

선사는 일할―喝과 일방―棒으로 삼세제불과 역대조사를 죽이기도 하고 살리기도 한다. 화엄경은 온갖 금은보화를 손바닥 하나에서 태산처럼 비 내린다. 이 또한 삼매에 들어가서 신통변화를 일으킨 것이다.

시 방 소 유 제 묘 물　　　　응 가 봉 헌 무 상 존
十方所有諸妙物을　　　**應可奉獻無上尊**일새

장 중 실 우 무 불 비　　　　보 리 수 전 지 공 불
掌中悉雨無不備하야　　**菩提樹前持供佛**이니라

시방에 있는 온갖 묘한 물건을
응당 가장 높은 분께 받들어 바칠새
손바닥 가운데서 모든 것을 갖추어 비 내려서
보리수나무 앞에서 부처님께 공양하나니라.

여러 가지의 공양을 소개하고 있다. 세상에서 구할 수 있는 공양과 구할 수 없는 공양과 그 이름만 전하는 온갖 보석과 보배들을 오직 손바닥 하나에 다 갖추어 보리수나무 앞 부처님께 공양 올린다.

시 방 일 체 제 기 악
十方一切諸妓樂과

종 고 금 슬 비 일 류
鐘鼓琴瑟非一類가

실 주 화 아 묘 음 성
悉奏和雅妙音聲호대

미 불 종 어 장 중 출
靡不從於掌中出이니라

시방의 일체 모든 풍악과
종과 북과 거문고와 비파 등 많은 종류가
다 온화하고 아담하고 아름다운 음악을 연주하니
손바닥 가운데서 나오지 않은 것이 없느니라.

손바닥 하나에서 온갖 보배와 금은보화를 만들어 내어
부처님께 공양 올리는 것을 넘어, 일체 무희들의 춤과 풍악
과 종과 북과 금슬 등 별별 악기와 오케스트라까지 연주하
지 않는 것이 없다. 손의 능력은 참으로 무한하다. 이 또한
삼매에 들어가서 신통변화를 일으키기 때문이다.

시 방 소 유 제 찬 송
十方所有諸讚頌으로

칭 탄 여 래 실 공 덕
稱歎如來實功德호대

여 시 종 종 묘 언 사
如是種種妙言辭를

개 종 장 내 이 개 연
皆從掌內而開演이니라

시방에 있는 모든 찬송讚頌으로
여래의 참된 공덕을 일컬어 찬탄하되
이러한 가지가지 아름다운 말들이
모두 손바닥 안에서 연출하나니라.

손바닥 안에서 무희들의 춤과 악기를 연주하는 음악만
흘러나오는 것이 아니라 여래의 공덕을 찬탄하는 찬송의 노
래까지 모든 것을 연출한다. 사람의 손은 만들지 못하는 것
이 없다. 인간이 만든 건축물은 모두 손에 의해서 만들어졌
다. 컴퓨터도, 인공위성도, 저 높은 빌딩도, 비행기도, 자동
차도, 기차도 모두 사람의 손으로 만든 것이다. 음악도, 예
술도, 문학도, 철학도, 역사도 역시 사람의 손에 의해서 만들
어졌다.

보 살 우 수 방 정 광
菩薩右手放淨光하니

광 중 향 수 종 공 우
光中香水從空雨하야

보 쇄 시 방 제 불 토
普灑十方諸佛土하야

공 양 일 체 조 세 등
供養一切照世燈이니라

보살이 오른손으로 청정한 광명을 놓으니

광명 가운데서 허공으로부터 향수가 비 내리듯 하여

널리 시방의 모든 부처님 국토에 뿌려서

모든 세간을 비추는 등불에 공양하나니라.

이하는 보살이 삼매에 들어가 신통변화를 일으켜서 오른
손으로 청정한 광명을 놓고 그 광명에서 향수가 하늘로부터
비가 쏟아지듯이 쏟아져서 부처님께 공양 올리는 내용을 밝
혔다. 부처님을 "모든 세간을 비추는 등불[照世燈]"이라고 한
것은 매우 빼어난 표현이며 불교가 세상에 대해 어떤 역할을
해야 하는가를 밝혔다.

우 방 광 명 묘 장 엄
又放光明妙莊嚴하야

출 생 무 량 보 연 화
出生無量寶蓮華하니

기 화 색 상 개 수 묘
其華色相皆殊妙라

이 차 공 양 어 제 불
以此供養於諸佛이니라

또 광명을 놓으니 아름다운 장엄이라.

한량없는 보배연꽃을 출생하니

그 꽃의 색깔과 모양이 모두 특별한지라

이것으로 모든 부처님께 공양하나니라.

다시 또 보살이 오른손으로 청정한 광명을 놓으니 그 이름이 아름다운 장엄이더라. 불교에서는 꽃을 꺾어 부처님께 공양 올리기를 좋아하는데 꽃 중에는 연꽃을 가장 선호한다. 우리가 살고 있는 이 화장장엄세계도 큰 연꽃 위에 건립되었다. 그래서 세계는 한 송이 연꽃[世界一花]이다. 아름다운 장엄이란 광명에서 한량없는 보배연꽃을 출생하여 부처님께 공양 올리는 모습이다. 이 광경을 그림으로 그려 보라. 얼마나 신기하고 아름다운가.

우 방 광 명 화 장 엄 　　　　종 종 묘 화 집 위 장
又放光明華莊嚴하니　　**種種妙華集爲帳**이라

보 산 시 방 제 국 토 　　　　공 양 일 체 대 덕 존
普散十方諸國土하야　　**供養一切大德尊**이니라

또 광명을 놓으니 꽃 장엄이라.

갖가지 묘한 꽃이 모여 휘장이 되는지라

널리 시방의 모든 국토에 흩어서

일체 대덕존大德尊께 공양하나니라.

또 보살이 삼매에 들어가서 신통변화를 일으켜서 오른손
으로 청정한 광명을 놓으니 그 이름이 꽃 장엄이더라. 가지
가지 아름다운 꽃을 모아 휘장을 만들어 시방의 모든 국토
에 흩어서 일체 덕 높으신 부처님께 공양 올린다.

우 방 광 명 향 장 엄　　　　종 종 묘 향 집 위 장
又放光明香莊嚴하니　　種種妙香集爲帳이라

보 산 시 방 제 국 토　　　　공 양 일 체 대 덕 존
普散十方諸國土하야　　供養一切大德尊이니라

또 광명을 놓으니 향 장엄이더라.

갖가지 묘한 향이 모여 휘장이 되는지라

널리 시방의 모든 국토에 흩어서

일체 대덕존大德尊께 공양하나니라.

불교에서 꽃 못지않게 많이 사용하는 것이 또한 향이다.

또 보살이 삼매에 들어가서 신통변화를 일으켜서 오른손으로 청정한 광명을 놓으니 그 이름이 향 장엄이더라. 가지가지 아름다운 향을 모아 휘장을 만들어 시방의 모든 국토에 흩어서 일체 덕 높으신 부처님께 공양 올린다.

우 방 광 명 말 향 엄
又放光明末香嚴하니

종 종 말 향 취 위 장
種種末香聚爲帳이라

보 산 시 방 제 국 토
普散十方諸國土하야

공 양 일 체 대 덕 존
供養一切大德尊이니라

또 광명을 놓으니 가루향 장엄이더라.

갖가지 가루향이 모여 휘장이 되는지라

널리 시방의 모든 국토에 흩어서

일체 대덕존大德尊께 공양하나니라.

옛날에는 가루로 된 향을 많이 사용하였다. 역시 부처님께 올리는 매우 훌륭한 공양거리다. 부처님께 차 공양 올리는 데도 그 도가 있어서 차를 올리는 것은 다도茶道라 하고, 꽃을 올리는 것을 화도花道라 하고, 향을 올리는 것은 향도

香道라 한다.

우 방 광 명 의 장 엄
又放光明衣莊嚴하니

종 종 명 의 집 위 장
種種名衣集爲帳이라

보 산 시 방 제 국 토
普散十方諸國土하야

공 양 일 체 대 덕 존
供養一切大德尊이니라

또 광명을 놓으니 옷 장엄이더라.

갖가지 이름의 옷이 모여 휘장이 되는지라

널리 시방의 모든 국토에 흩어서

일체 대덕존大德尊께 공양하나니라.

광명의 이름이 옷 장엄이듯이 가지가지 옷이 하늘에서 쏟아진다. 사찰에서의 옷 공양이란 가사가 처음이었다. 다음으로 장삼과 생활복과 천과 양말과 내의와 수건 등등 옷과 관련된 여러 가지였다. 사람이 살아가는 데 매우 중요한 것이 의식주이기 때문이리라.

우 방 광 명 보 장 엄 　　　 종 종 묘 보 집 위 장
又放光明寶莊嚴하니　　　**種種妙寶集爲帳**이라

보 산 시 방 제 국 토 　　　 공 양 일 체 대 덕 존
普散十方諸國土하야　　　**供養一切大德尊**이니라

또 광명을 놓으니 보석 장엄이더라.

갖가지 묘한 보석이 모여서 휘장이 되는지라

널리 시방의 모든 국토에 흩어서

일체 대덕존大德尊께 공양하나니라.

또 보살이 삼매에 들어가서 신통변화를 일으켜서 오른손
으로 청정한 광명을 놓으니 그 이름이 보석 장엄이더라. 가
지가지 아름다운 보석을 모아 휘장을 만들어 시방의 모든
국토에 흩어서 일체 덕 높으신 부처님께 공양 올린다.

우 방 광 명 연 장 엄 　　　 종 종 연 화 집 위 장
又放光明蓮莊嚴하니　　　**種種蓮華集爲帳**이라

보 산 시 방 제 국 토 　　　 공 양 일 체 대 덕 존
普散十方諸國土하야　　　**供養一切大德尊**이니라

또 광명을 놓으니 연꽃 장엄이더라.

갖가지 연꽃이 모여서 휘장이 되는지라

널리 시방의 모든 국토에 흩어서

일체 대덕존大德尊께 공양하나니라.

앞에서는 아름다운 장엄에서 보배연꽃이 있었는데 연꽃을 다시 거론하였다. 경전에서 가장 많이 등장하는 꽃이 연꽃이다. 연꽃의 의미를 깨달아 연꽃처럼 살라는 가르침이다. 염화미소의 그 꽃도 연꽃이었다.

우 방 광 명 영 장 엄
又放光明瓔莊嚴하니

종 종 묘 영 집 위 장
種種妙瓔集爲帳이라

보 산 시 방 제 국 토
普散十方諸國土하야

공 양 일 체 대 덕 존
供養一切大德尊이니라

또 광명을 놓으니 영락 장엄이더라.

갖가지 아름다운 영락이 모여서 휘장이 되는지라

널리 시방의 모든 국토에 흩어서

일체 대덕존大德尊께 공양하나니라.

영락이란 옥으로 만든 목걸이 따위를 말한다. 이러한 영락들이 모여 휘장이 되어 널리 시방의 모든 국토에 흩어서 일체 부처님께 공양 올린다.

우 방 광 명 당 장 엄　　　　기 당 현 환 비 중 색
又放光明幢莊嚴하니　　**其幢絢煥備衆色**하야

종 종 무 량 개 수 호　　　　이 차 장 엄 제 불 토
種種無量皆殊好라　　　**以此莊嚴諸佛土**니라

또 광명을 놓으니 깃대 장엄이더라.
그 깃대가 밝게 빛나 온갖 색을 갖춰서
가지가지가 한량없이 모두 특별히 아름다운지라
이것으로 모든 부처님 국토를 장엄하나니라.

요즘도 사찰에서 큰 행사를 하게 되면 온갖 깃발을 만들어 멀리 산문 밖에부터 걸어 놓아 펄럭이게 한다. 도량 안으로 들어오면서는 행사의 분위기를 돋우기 위해 더욱 많이 걸어 놓는다. 줄을 치고 오색등도 달아 놓는다. 행사를 알리고 사람들의 마음을 모으는 데 큰 장엄이 된다.

종 종 잡 보 장 엄 개
種種雜寶莊嚴蓋에 　 **衆妙繪幡共垂節**하며
중 묘 증 번 공 수 식

마 니 보 탁 연 불 음
摩尼寶鐸演佛音이어든 　 **執持供養諸如來**니라
집 지 공 양 제 여 래

갖가지 온갖 보배로 장엄한 일산에

여러 가지 아름다운 비단 깃발을 함께 드리웠으며

마니보석풍경에서 부처님 음성을 연설하니

그것을 가져 모든 여래께 공양하나니라.

　보살이 삼매에 들어가 신통변화를 일으켜서 오른손으로 청정한 광명을 놓으니 그 광명에서 갖가지 보배로 장엄한 일산이 나타났고, 여러 가지 아름다운 비단 깃발을 함께 드리웠으며, 마니보석풍경에서 부처님 음성을 연설하는 것도 나타났다. 손에서 놓는 광명과 그 광명에서 나오는 온갖 공양거리들이 이와 같이 가없이 많다.

3〉 제불諸佛에게 모두 통함

수 출 공 구 난 사 의
手出供具難思議하야

여 시 공 양 일 도 사
如是供養一導師어든

일 체 불 소 개 여 시
一切佛所皆如是하니

대 사 삼 매 신 통 력
大士三昧神通力이니라

손에서 내는 생각하기 어려운 공양거리로

이와 같이 한 도사導師를 공양하거든

일체 부처님 계신 곳에도 모두 이와 같이 하니

대사大士의 삼매와 신통력이로다.

보살이 삼매에 들어가 신통변화를 일으켜서 오른손으로
청정한 광명을 놓아 여러 가지 공양거리를 내어 한 부처님께
공양하는 것과 같이 일체 부처님에게도 이와 같이 하였다.
부처님과 부처님은 둘이 아닌 불이성不二性이다. 나아가서 중
생과 부처가 또한 둘이 아니다. 만물이 자신으로 더불어 한
몸인 이치이다.

(5) 법문삼매法門三昧

1〉무량방편無量方便

보 살 주 재 삼 매 중　　　　종 종 자 재 섭 중 생
菩薩住在三昧中하야　　**種種自在攝衆生**일새

실 이 소 행 공 덕 법　　　　무 량 방 편 이 개 유
悉以所行功德法인　　　**無量方便而開誘**호되

보살이 삼매 가운데 머물러 있으면서

가지가지로 자재하여 중생을 잘 섭수할새

여러 가지 행하는 바 공덕의 법으로써

한량없는 방편으로 이끌어 들이도다.

보살이 삼매 가운데서 가지가지로 중생을 잘 섭수하여
온갖 공덕의 법으로써 훌륭한 방편을 써서 열어 주고 보여
주고 이끌어 들이는 문을 낱낱이 밝힌다. 중생을 섭수하는
방법으로는 6바라밀과 4섭법이 있고 4무량심이 있다.

2〉20종의 문을 표하다

혹 이 공 양 여 래 문 　　　 혹 이 난 사 보 시 문
或以供養如來門하고 　 **或以難思布施門**하며

혹 이 두 타 지 계 문 　　　 혹 이 부 동 감 인 문
或以頭陀持戒門하고 　 **或以不動堪忍門**하며

혹은 여래께 공양하는 문으로써 하고

혹은 헤아리기 어려운 보시의 문으로써 하고

혹은 두타행頭陀行인 지계문持戒門으로써 하고

혹은 움직이지 않는 감인堪忍의 문으로써 하니라.

　보살이 중생을 교화하고 성숙시켜 여래의 경지에 들어가게 하는 문으로는 여러 가지가 있다. 어떤 문이든지 다 들어갈 수 있는 문문가입門門可入이지만 간단히 20종의 문을 밝혔다. 먼저 여래께 공양하는 문과 보시, 지계, 인욕의 문이다. 지계문으로서의 두타행頭陀行은 일체 번뇌를 다 떨어 버리는 것이다. 즉 진정한 무소유다. 사물에 무소유가 되어야 번뇌를 떨어 버릴 수 있다. 또 번뇌가 없어야 진정한 지계를 할 수 있다. 또 인욕을 감인堪忍이라 하였는데 온전한 말은 감인대堪忍待다. 견디고 참고 기다린다는 뜻이다. 이것이 진정

한 인욕이다.

혹 이 고 행 정 진 문   혹 이 적 정 선 정 문
或以苦行精進門하고   **或以寂靜禪定門**하며

혹 이 결 료 지 혜 문   혹 이 소 행 방 편 문
或以決了智慧門하고   **或以所行方便門**하며

혹은 고행인 정진精進문으로써 하고

혹은 적정寂靜인 선정의 문으로써 하고

혹은 분명하게 아는 지혜의 문으로써 하고

혹은 행하는 바의 방편문으로써 하니라.

보살이 중생을 교화하고 성숙시켜 여래의 경지에 들어가게 하는 문으로 다음은 정진과 선정과 지혜와 방편의 문을 밝혔다. 정진은 고행의 정진이며, 선정은 적정의 선정이며, 지혜는 분명하게 아는 지혜며, 방편은 여러 가지를 행하는 바다.

혹 이 범 주 신 통 문
或以梵住神通門하고

혹 이 사 섭 이 익 문
或以四攝利益門하며

혹 이 복 지 장 엄 문
或以福智莊嚴門하고

혹 이 인 연 해 탈 문
或以因緣解脫門하며

혹은 청정하게 머무[梵住]는 신통의 문으로써 하고
혹은 네 가지로 섭수하는 이익의 문으로써 하고
혹은 복과 지혜로 장엄하는 문으로써 하고
혹은 인연으로 해탈하는 문으로써 하니라.

"네 가지로 섭수하는 이익의 문"이란 보시와 애어와 이행과 동사다. "복과 지혜로 장엄하는 문"이란 중생을 감동시켜 따르게 하는 데는 훌륭한 복덕과 지혜가 제일이라는 것이다. 그래서 부처님을 복덕과 지혜가 구족하신 분으로 지칭한다. "인연으로 해탈하는 문"이란 일체사가 모두 인연으로 생기고 소멸한다는 이치를 깨달으면 모든 미혹으로부터 해탈한다는 것이다. 보살이 중생을 교화하고 성숙시켜 여래의 경지에 들어가게 하는 훌륭한 문이다.

혹 이 근 력 정 도 문
或以根力正道門하고

혹 이 성 문 해 탈 문
或以聲聞解脫門하며

혹 이 독 각 청 정 문
或以獨覺淸淨門하고

혹 이 대 승 자 재 문
或以大乘自在門하며

혹은 5근根 5력力과 8정도正道의 문으로써 하고

혹은 성문聲聞의 해탈문으로써 하고

혹은 독각獨覺의 청정한 문으로써 하고

혹은 대승大乘의 자재한 문으로써 하니라.

보살이 중생을 성숙시키는 여러 가지 문이다.

5근根은 번뇌를 누르고 성도聖道로 이끄는 다섯 가지 근원이다. ① 신근信根은 부처님의 가르침을 믿음이며 ② 정진근精進根은 힘써 수행함이며 ③ 염근念根은 부처님의 가르침을 명심하여 마음에 챙김이며 ④ 정근定根은 마음을 한곳에 모아 흐트러지지 않게 함이며 ⑤ 혜근慧根은 부처님의 가르침을 꿰뚫어 보는 지혜다.

5력力은 오근이 곧 능력이 되고 힘이 됨을 뜻한다. 곧 신력信力, 진력進力, 염력念力, 정력定力, 혜력慧力이다.

8정도正道란 깨달음과 열반으로 이끄는 수행의 올바른 여

덟 가지 길이다. 정견正見, 정어正語, 정업正業, 정명正命, 정념正
念, 정정正定, 정사유正思惟, 정정진正精進이다. 팔성도八聖道라
고도 한다.

성문은 자신의 고통에서 벗어나는 길이다. 독각은 홀로
깨달아 청정하게 사는 길이다. 대승은 자리와 이타에 자유
자재한 길이다.

혹 이 무 상 중 고 문 　　　혹 이 무 아 수 자 문
或以無常衆苦門하고　　**或以無我壽者門**하며

혹 이 부 정 이 욕 문　　　혹 이 멸 진 삼 매 문
或以不淨離欲門하고　　**或以滅盡三昧門**이니라

혹은 무상한 온갖 고통의 문으로써 하고
혹은 아我와 수자壽者가 없는 문으로써 하고
혹은 부정하므로 욕망을 여의는 문으로써 하고
혹은 멸진삼매滅盡三昧의 문으로써 하나니라.

보살이 중생을 교화하는 데는 무상한 온갖 고통의 문으
로써 하기도 한다. 무상하다는 사실이야말로 최상의 가르

침이다. 또한 고통이야말로 최상의 경책이다. 무아와 무수
자의 이치도 또한 중생 교화의 중요한 가르침이다. 이성은
부정한 것임을 가르쳐 이성에 대한 욕망을 떠나게 한다. 인
생사에 대한 여러 가지 번뇌가 많은 사람에게는 모든 것이
소멸하여 아무 것도 없다는 멸진삼매滅盡三昧보다 좋은 것은
없다.

3) 여러 가지 인유因由

수 제 중 생 병 부 동
隨諸衆生病不同하야   실 이 법 약 이 대 치
悉以法藥而對治하고

수 제 중 생 심 소 락
隨諸衆生心所樂하야   실 이 방 편 이 만 족
悉以方便而滿足하며

수 제 중 생 행 차 별
隨諸衆生行差別하야   실 이 선 교 이 성 취
悉以善巧而成就하니

모든 중생의 병이 같지 아니함을 따라서

다 법약法藥으로써 대하여 치료하고

모든 중생의 마음에 좋아하는 바를 따라서

다 방편으로써 만족케 하며

모든 중생의 행동의 차별을 따라서

다 빼어난 수단으로 성취케 하니라.

보살이 중생을 교화하는 데는 여러 가지 상황을 따라 각
각의 길이 있다. 병에 따라 약을 쓰는 경우와 마음에 좋아하
는 바를 따라 방편을 쓰는 경우와 행위의 차별을 따라 빼어
난 수단으로 성취케 하는 것이다.

4〉측량하기 어려움

여 시 삼 매 신 통 상   일 체 천 인 막 능 측
如是三昧神通相   **一切天人莫能測**이니라

이와 같은 삼매의 신통한 모습을

일체 천신과 사람이 능히 측량할 수 없느니라.

보살이 삼매 가운데서 가지가지로 중생을 잘 섭수하여
온갖 공덕의 법으로써 훌륭한 방편을 써서 중생을 교화하는
방법과 문은 부처님과 보살만이 알 수 있는 것이다. 일체 천
신과 사람은 측량할 수 없는 경지다.

(6) 사섭법四攝法으로 섭수하는 삼매

1〉삼매의 작용

유 묘 삼 매 명 수 락
有妙三昧名隨樂이니

보 살 주 차 보 관 찰
菩薩住此普觀察하고

수 의 시 현 도 중 생
隨宜示現度衆生하야

실 사 환 심 종 법 화
悉使歡心從法化니라

묘한 삼매가 있으니 이름이 '수락隨樂'이라

보살이 여기에 머물러 널리 관찰하고

마땅함을 따라 나타내 보여서 중생을 제도하여

다 환희하는 마음으로 법의 교화를 따르게 하나니라.

사섭법四攝法으로 중생을 섭수하는 삼매를 밝혔다. 삼매의 이름이 '수락隨樂'이다. 중생들이 즐겨하는 것이 무엇인가를 알아서 그 즐겨하는 것을 따라 알맞게 교화하고 섭수하는 삼매다. 먼저 보살이 이러한 삼매에 머물러 중생들의 성향을 두루 관찰한다. 중생들이 무엇을 좋아하는가를 따라 그들의 마음을 기쁘게 하고 진리의 가르침으로 교화한다.

2) 보시로 섭수하다

겁 중 기 근 재 난 시
劫中饑饉災難時에

실 여 세 간 제 락 구
悉與世間諸樂具호되

수 기 소 욕 개 영 만
隨其所欲皆令滿하야

보 위 중 생 작 요 익
普爲衆生作饒益이니라

오랜 세월 기근과 재난을 당했을 때
세간의 즐길 거리를 다 주어서
그들이 하고자 하는 바를 따라 모두 만족케 하여
널리 중생을 위해 이익을 짓느니라.

보살이 사섭법四攝法으로 중생을 섭수하는 삼매 중에서 먼저 보시를 밝혔다. 이 시대에 기근이나 천재지변을 당하여 중생들이 큰 고통에 처했을 때 그들을 구호하는 일을 가장 크게 잘 실천하는 사람은 대만에 계시는 증엄證嚴스님이라고 알고 있다. 그는 불교의 승려로서 자제공덕회라는 세계에서 가장 큰 봉사단체를 이끌며 기독교의 교회를 둘씩이나 지어 주고 학교니 병원이니 주거 시설 등을 많이 지어서 태풍이나 지진을 당하여 살 곳이 없는 사람들에게 제공하고 있다. 그는 이 시대의 살아 있는 관음보살로 칭송받는다.

혹 이 음 식 상 호 미	보 의 엄 구 중 묘 물
或以飮食上好味와	**寶衣嚴具衆妙物**하며

내 지 왕 위 개 능 사	영 호 시 자 실 종 화
乃至王位皆能捨하야	**令好施者悉從化**니라

혹은 가장 좋은 맛의 음식과

보배옷과 장엄거리와 온갖 묘한 물건과

왕의 지위까지 모두 능히 버려서

베풀기를 좋아하는 사람들이 다 교화를 따르게 하나니라.

옛날 어느 나라에서 왕과 제상과 왕비가 서로 허심탄회하게 인간적인 말을 한마디씩 하기로 하였는데 왕이 먼저 말하기를, "보천지하普天之下가 막비왕토莫非王土요, 솔토지민率土之民이 막비왕신莫非王臣."이라 하면서 "이 나라 모든 것이 이 왕의 소유지만 시골의 촌로라도 말라 비틀어진 곶감 몇 개라도 갖다 주는 사람이 좋게 보이더라."라고 하였다. 아무리 많이 가진 사람이라도 주는 사람이 고맙다는 뜻이다. 그래서 6바라밀에서도 보시가 먼저며 4섭법에서도 보시가 먼저다. 하물며 맛난 음식과 옷과 아름다운 물건과 왕위를 베풀어 준다면 오죽하겠는가. 중생을 교화하려면 반드시 보시를 열심히 해야 한다.

혹 이 상 호 장 엄 신
或以相好莊嚴身과　　　　　상 묘 의 복 보 영 락
　　　　　　　　　　　　上妙衣服寶瓔珞과

화 만 위 식 향 도 체
華鬘爲飾香塗體하야　　위 의 구 족 도 중 생
　　　　　　　　　　　　威儀具足度衆生이니라

혹은 상호로써 장엄한 몸과

묘한 의복과 보배영락과

화만華鬘으로 장식하고 향을 몸에 발라서

위의威儀를 갖추어서 중생을 제도하나니라.

일 체 세 간 소 호 상
一切世間所好尙인　　　색 상 안 용 급 의 복
　　　　　　　　　　　　色相顔容及衣服을

수 응 보 현 협 기 심
隨應普現愜其心하야　　비 락 색 자 개 종 도
　　　　　　　　　　　　俾樂色者皆從道니라

일체 세간이 좋아하는 바인

색상과 얼굴과 의복을

응함을 따라 그 마음에 맞추어 널리 나타내어서

색상을 즐기는 자로 하여금 모두 도를 따르게 하나니라.

보시에는 의식주와 같은 물질도 있지만 모습과 태도를 상대의 뜻에 맞게 갖추는 것도 포함된다. 예의를 차려야 할 사람을 만나는데 작업복이나 운동복을 입고 만난다면 그것은 예의가 아니며 보시가 아니다. 이와 같이 잘 살펴보면 보시에는 여러 가지가 무수히 많다.

3〉 애어愛語로 섭수하다

가 릉 빈 가 미 묘 음
迦陵頻伽美妙音과

구 지 라 등 묘 음 성
俱枳羅等妙音聲과

종 종 범 음 개 구 족
種種梵音皆具足하야

수 기 심 락 위 설 법
隨其心樂爲說法이니라

가릉빈가迦陵頻伽의 아름답고 묘한 소리와

구지라俱枳羅의 온갖 묘한 음성과

가지가지 범음梵音을 모두 갖추어

그 마음에 좋아함을 따라서 법을 말하느니라.

애어愛語란 부드럽고 사랑스러운 말이며 정성과 존경심이 가득 담긴 말이다. 사람이 세상을 살아가는 데 가장 중요한 것이 말이다. 그래서 불교에서 가장 많이 읽히는 경전인 천수경에서는 그 첫마디가 "정구업진언淨口業眞言"이다. 길상吉祥하고 복된 말을 하라는 뜻이다. 또 중생을 진리로써 교화하는 데 사바세계에서는 음성이 교화의 본체가 된다. 가릉빈가나 구지라는 모두 아름다운 소리를 가진 새의 이름이다. 범음梵音은 범천의 아름다운 소리다. 불교 전통음악의 범패梵唄도 범음에서 온 말이다. 이와 같이 세상에서 가장 아름다운 음성으로 존재의 실상과 이치에 맞는 설법을 하고 또한 사람을 감동시키는 설법을 한다면 그 법의 내용은 더욱 빛날 것이다.

팔 만 사 천 제 법 문
八萬四千諸法門이여

제 불 이 차 도 중 생
諸佛以此度衆生이실새

피 역 여 기 차 별 법
彼亦如其差別法하야

수 세 소 의 이 화 도
隨世所宜而化度니라

팔만사천의 온갖 법문이여

모든 부처님이 이것으로 중생을 제도하실새

보살도 또한 그와 같은 차별한 법으로

세간의 마땅한 바를 따라 교화하여 제도하나니라.

부처님이 정각을 이루시고 그 정각의 내용을 중생들에게
전파하여 교화하는데 모두 8만4천 법문으로써 하였다. 보
살들도 역시 팔만사천의 차별한 법으로써 교화하였으며, 역
대 조사들도 또한 변함없이 그와 같은 무수한 설법으로써
중생을 교화하였다. 그러므로 사랑스러운 말과 부드러운
말[愛語]은 대단히 중요하다.

4〉 동사同事로 섭수하다

중 생 고 락 이 쇠 등
衆生苦樂利衰等과

일 체 세 간 소 작 법
一切世間所作法을

실 능 응 현 동 기 사
悉能應現同其事하야

이 차 보 도 제 중 생
以此普度諸衆生이니라

중생의 고통과 즐거움과 이익과 손해와

일체 세간에서 짓는 법을

다 능히 맞춰서 나타내어 그 일을 함께하여
이것으로써 모든 중생을 널리 제도하나니라.

중생을 교화하는 수많은 방법 중에 사섭법四攝法이 제일
이며, 사섭법 중에서는 동사섭이 제일이다. 사람들이 살아가
는 일에는 즐거운 일도 있고 고통스러운 일도 있고 이익한
일도 있고 손해되는 일도 있다. 그 모든 일을 중생을 교화하
기 위해서라면 그들에게 맞춰서 다 같이 한다는 뜻이다. 예
컨대 지옥의 중생을 교화하기 위해서라면 지옥에도 들어가
는 것이 보살의 정신이다.

일 체 세 간 중 고 환   심 광 무 애 여 대 해
一切世間衆苦患이   深廣無涯如大海어늘

여 피 동 사 실 능 인   영 기 이 익 득 안 락
與彼同事悉能忍하야   令其利益得安樂이니라

일체 세간의 온갖 고통과 걱정이

깊고 넓어 끝이 없음이 큰 바다와 같거늘

그들과 더불어 그 일을 함께하여 다 능히 인내하며

그들로 하여금 이익이 되고 안락케 하나니라.

세상에는 얼마나 많은 사람들이 문제를 겪으며 고통에 시달리는가. 그러나 보살은 중생들의 안락을 위해서 그들과 고통을 함께하면서 바른 법으로 인도하고 교화해야 한다. 설사 그 고통이 바다처럼 깊고 넓더라도 견디고 참고 기다리며 함께해야 한다.

5〉이행利行으로 섭수하다

약 유 불 식 출 리 법
若有不識出離法하야

불 구 해 탈 이 훤 궤
不求解脫離諠憒면

보 살 위 현 사 국 재
菩薩爲現捨國財하고

상 락 출 가 심 적 정
常樂出家心寂靜이니라

만약 어떤 이가 벗어나는 법을 알지 못하여
해탈하여 시끄러움 떠남을 구하지 않으면
보살이 국토와 재물을 버리고
항상 출가를 좋아하고 마음에 적정함을 나타내느니라.

이행利行이란 상대가 이롭도록 하는 교화 방법이다. 이 세상에 자신을 이롭도록 하는데 싫어할 사람이 어느 누가 있겠는가. 보살은 항상 중생을 위해서 타인을 이롭게 행동해야 한다. 어떤 이가 생사에서 벗어나는 법을 알지 못하고 해탈도 구하지 아니하여 시끄러움을 떠나지 못하면 보살은 솔선수범하여 나라도 버리고 재산도 버리어 출가의 정신으로 돌아감을 나타내 보이는 것이다. 이것이 타인을 이롭게 하는 행위이다.

가 시 탐 애 계 박 소　　　　욕 사 중 생 실 면 리
家是貪愛繫縛所니　　**欲使衆生悉免離**일새

고 시 출 가 득 해 탈　　　　어 제 욕 락 무 소 수
故示出家得解脫하야　　**於諸欲樂無所受**니라

집이란 탐욕과 애욕이 얽히는 곳이니
중생으로 하여금 다 면하고 떠나게 할새
그러므로 출가하여 해탈을 얻어서
모든 욕망의 즐거움에서 받을 바가 없음을 보이느니라.

보살이 출가를 하는 것은 타인을 이롭게 하기 위하여 모범으로 보이는 행위이다. 가정이란 탐욕과 애욕이 얽히는 곳이다. 그와 같은 탐욕과 애욕에 얽힌 중생에게 본보기로서 출가하여 해탈 얻음을 보인다. 그러므로 출가란 그 자체만으로 세속에 찌든 사람들에게 큰 이익을 제공하는 일이 된다.

보 살 시 행 십 종 행
菩薩示行十種行하며   亦行一切大人法과
역 행 일 체 대 인 법

제 선 행 등 실 무 여
諸仙行等悉無餘하나니   爲欲利益衆生故니라
위 욕 이 익 중 생 고

보살이 열 가지 행行을 행하여 보이고
또한 일체 대인大人의 법과
모든 선인仙人의 행을 남김없이 다 보이나니
중생을 이익하게 하고자 하는 연고니라.

보살이 행하는 열 가지 행行에 대하여 청량스님은 열 가지 청정행淸淨行이 있다고 하였다. 첫째로 밖의 청정이 다섯 가지인데 죄가 없는 무죄이행無罪利行과 전환하지 않는 부전

이행不轉利行과 점차적으로 하는 것[漸次]과 두루 하는 것[遍行]과 같이 하여 응하는 것[如應]인데 논에 그 행상을 자세히 해석하였다. 다음에는 안의 청정이 다섯 가지인데 모든 보살이 모든 유정에게 광대한 자비심을 일으켜 마음에 즐거함을 앞에 나타내어 이로운 행을 행하는 것, 모든 보살이 모든 유정에게 하는 일이 옳고 이로워서 비록 일체 큰 고통과 수고로움을 받더라도 마음에 게으름 없이 깊이 환희를 일으켜 모든 유정들을 위해 이로운 행을 행하는 것, 가장 수승하고 제일 가는 재산의 지위에 있으면서 스스로 겸손하여 자식처럼 하고 종처럼 하며 교만을 떠나서 이로운 행을 행하는 것, 마음이 애욕에 물들지 않고 허위가 없으며 진실로 애민하게 여겨 이로운 행을 행하는 것, 끝까지 다시는 퇴전함이 없는 사랑과 연민의 마음을 일으켜서 이로운 행을 행하는 것 등이다. [13)]

---

13) 【即十種清淨利行】者, 謂一, 依外清淨有五：(一)無罪利行. (二)不轉利行. (三)漸次. (四)遍行. (五)如應. 論廣釋其相. 二, 依內清淨有五：(一)謂諸菩薩於諸有情起廣大悲, 意樂現前而行利行. (二)諸菩薩於諸有情所作義利. 雖受一切大苦劬勞, 而心無倦. 深生歡喜. 為諸有情而行利行. (三)安處最勝第一財位而自謙下, 如子如僕. 及離憍慢而行利行. (四)心無愛染. 無有虛為. 真實哀愍而行利行. (五)起畢竟無復退轉慈愍之心, 而行利行.

대인大人의 법이란 대인과 같고 군자와 같고 현인과 같은 그릇이 큰 사람의 법이다. 또 선인仙人의 행이란 신선 같은 사람, 즉 세속에 물들지 않고 신선처럼 사는 사람의 행을 말한다. 이와 같은 삶의 모습도 많은 중생들에게 큰 감동을 주고 이익을 준다. 그러므로 깊은 수행을 하여 비록 시중의 중생 곁으로 내려오지 않더라도 고고하게 끝까지 수행자의 본보기를 보이는 것만으로도 중생에게는 이로운 행이 된다.

약 유 중 생 수 무 량
若有衆生壽無量하야

번 뇌 미 세 락 구 족
煩惱微細樂具足이면

보 살 어 중 득 자 재
菩薩於中得自在하야

시 수 노 병 사 중 환
示受老病死衆患이니라

만약 어떤 중생이 수명이 한량없어

번뇌는 적고 즐거움을 구족하면

보살이 그 가운데 자재함을 얻어서

늙고 병들고 죽는 온갖 우환을 받음을 보이느니라.

만약 어떤 사람이 부귀영화를 누리면서 오랫동안 산다면

보살은 역행으로 일부러 늙고 병들고 죽는 여러 가지 고통과 우환을 보여서 그를 깨우쳐 이로운 행을 보이기도 한다. 불교의 궁극적 목적은 부귀공명과 장수가 아니다. 하루를 살아도 정법을 깨닫고 사는 일이기 때문이다.

혹 유 탐 욕 진 에 치
或有貪欲瞋恚痴하야

번 뇌 맹 화 상 치 연
煩惱猛火常熾然이면

보 살 위 현 노 병 사
菩薩爲現老病死하야

영 피 중 생 실 조 복
令彼衆生悉調伏이니라

혹 탐욕하고 성내고 어리석어서
번뇌의 맹렬한 불길이 항상 치성하면
보살이 중생을 위해 늙고 병들고 죽음을 나타내어서
저 중생으로 하여금 다 조복케 하나니라.

불법을 깨닫게 하는 진정한 가르침은 모든 사람들이 늙고 병들고 죽는다는 사실을 깨닫게 하는 것이다. 이것보다 더 큰 선지식과 더 큰 가르침은 없다. 보살은 때때로 어리석은 중생을 위해서 이와 같은 늙고 병들고 죽는 모습을 보여

깨우치기도 한다.

여래 십 력 무 소 외
如來十力無所畏와

급 이 십 팔 불 공 법
及以十八不共法과

소 유 무 량 제 공 덕
所有無量諸功德을

실 이 시 현 도 중 생
悉以示現度衆生이니라

여래의 열 가지 힘과 두려움 없음과

열여덟 가지의 함께하지 않는 법과

가진 바 한량없는 모든 공덕을

다 나타내 보여서 중생을 제도하나니라.

여래의 열 가지 힘이란 ① 처비처지력處非處智力: 도리와 이치가 옳고 그른 것을 다 아는 지혜의 힘 ② 업이숙지력業異熟智力: 일체 중생의 삼세 업보를 다 아는 지혜의 힘 ③ 정려해탈등지등지지력靜慮解脫等持等至智力: 여러 가지 선정과 해탈과 삼매를 다 아는 지혜의 힘 ④ 근상하지력根上下智力: 중생들의 근기가 높고 낮음을 다 아는 지혜의 힘 ⑤ 종종승해지력種種勝解智力: 중생의 여러 가지 지해知解를 아는 지혜의 힘 ⑥ 종종

계지력種種界智力: 중생들의 여러 가지 경계를 다 아는 지혜의 힘 ⑦ 변취행지력遍趣行智力: 여러 가지 행업行業으로 어디에 가서 나게 되는 것을 다 아는 지혜의 힘 ⑧ 숙주수념지력宿住隨念智力: 숙명통으로 중생의 가지가지 숙명을 다 아는 지혜의 힘 ⑨ 사생지력死生智力: 천안통으로 중생이 죽어서 태어날 때와 선한 곳과 악한 곳을 걸림 없이 다 아는 지혜의 힘 ⑩ 누진지력漏盡智力: 온갖 번뇌와 습기를 영원히 끊어 없애는 지혜의 힘 등이다.

또 두려움 없음이란 사무소외四無所畏로 부처님과 보살은 중생들을 교화할 때 네 가지 두려움 없는 자신감으로 설법을 하는데, 여기에 부처님의 사무소외와 보살의 사무소외가 있다. 부처님의 사무소외는 ① 일체지무소외一切智無所畏: "나는 일체법一切法을 깨달았다."는 두려움 없는 자신 ② 누진무소외漏盡無所畏: "나는 일체의 번뇌를 모두 끊었다."는 두려움 없는 자신 ③ 설장도무소외說障道無所畏: "나는 깨달음에 장애가 되는 것을 모두 말했다."는 두려움 없는 자신 ④ 설출도무소외說出道無所畏: "나는 괴로움의 세계에서 벗어나 해탈解脫에 이르는 길을 모두 말했다."는 두려움 없는 자신 등이다.

보살의 사무소외는 ① 능지무소외能持無所畏: 교법教法을 잊지 않고 잘 기억하여 설법함에 두려움 없는 자신 ② 지근무소외知根無所畏: 모든 중생의 근기(根機 : 가르침을 받는 자의 선천적인 능력)를 잘 알아 그에 대한 적절한 설법을 하는 데 두려움 없는 자신 ③ 결의무소외決疑無所畏: 중생의 의문을 해결해 주는 데 두려움 없는 자신 ④ 답보무소외答報無所畏: 모든 물음에 대해 자유자재로 대답할 수 있는 두려움 없는 자신 등이다.

또 열여덟 가지의 함께하지 않는 법이란 십팔불공법十八不共法인데, 부처님께만 있는 공덕으로서 이승이나 보살들에게는 공동共同하지 않는 열여덟 가지 특별한 법이다. 신무실身無失·구무실口無失·의무실意無失·무이상無異想·무부정심無不定心·무부지이사無不知已捨·욕무감欲無減·정진무감精進無減·염무감念無減·혜무감慧無減·해탈무감解脫無減·해탈지견무감解脫知見無減·일체신업수지혜행一切身業隨智慧行·일체구업수지혜행一切口業隨智慧行·일체의업수지혜행一切意業隨智慧行·지혜지견과거세무애무장智慧知見過去世無礙無障·지혜지견미래세무애무장智慧知見未來世無礙無障·지혜지견현재세무애무장智慧知見現在世無礙無障이다. 그 외에도 보살은 한량없는 공덕을 나타내어 중생을 제도한다.

기 심 교 계 급 신 족
記心教誡及神足이

실 시 여 래 자 재 용
悉是如來自在用이라

피 제 대 사 개 시 현
彼諸大士皆示現하야

능 사 중 생 진 조 복
能使衆生盡調伏이니라

기억하는 마음과 가르침과 경책과 신통이

다 이 여래의 자재한 작용이라

저 모든 대사大士들이 모두 나타내 보여서

능히 중생으로 하여금 다 조복케 하나니라.

기억하는 마음이란 부처님께서 먼저 청중의 영리하고 둔
함을 살피어 그들이 바라는 바를 알아서 적당하게 교화하
는 것이다. 부처님은 설명하여 가르치는 설법도 있고, 꾸짖
고 경책해서 깨우치는 설법도 있고, 신통을 보여서 깨우치는
일도 있다. 이와 같은 모든 방법을 보살들[大士]은 다 나타내
보여서 중생들을 교화하고 조복한다.

보 살 종 종 방 편 문
菩薩種種方便門으로

수 순 세 법 도 중 생
隨順世法度衆生이

비 여 연 화 불 착 수
譬如蓮華不着水니

여 시 재 세 령 심 신
如是在世令深信이니라

보살이 가지가지 방편문으로

세상의 법을 따라 중생을 제도함이

비유컨대 연꽃에 물이 붙지 않음과 같으니

이와 같이 세상에 있으면서 깊이 믿게 하나니라.

부처님도 부처가 된 뒤에는 다시 중생을 위해서 보살로 화현하여 교화를 펼친다. 보살이 펼치는 교화의 방편문은 참으로 가지가지다. 진흙과 같은 세속에 뛰어들어 중생들을 교화하면서 세속에 물들지 않는다. 마치 연꽃이 물에서 피지만 물 한 방울도 젖지 않는 것과 같이 마음은 청정하여 세속을 멀리 벗어난 것이다.

(7) 세간법과 함께하는 삼매

1〉몸이 세간과 함께하다

아 사 연 재 문 중 왕
雅思淵才文中王이요

가 무 담 설 중 소 흔
歌舞談說衆所欣이라

일 체 세 간 중 기 술
一切世間衆技術을

비 여 환 사 무 불 현
譬如幻師無不現이니라

고상한 생각과 깊은 재주는 문필 가운데 왕이요
노래와 춤과 말솜씨는 대중의 기뻐하는 바라.
일체 세간의 온갖 기술을
비유컨대 마술사와 같이 나타내지 못함이 없느니라.

보살은 중생을 교화하기 위해서는 중생들이 사는 세상
속으로 뛰어 들어와서 중생들이 하는 일을 모두 다 한다. 생
각이 우아하고 고상하며 재주가 깊어서 문필로 무엇을 표현
하든 많은 사람들을 감동시킨다. 시를 쓰거나 소설을 쓰거
나 수필이나 격문이나 호소문이나 권선문이나 연설문이나
무엇이든 빼어난 명문장의 능력을 보인다.

또 보살은 중생을 교화하기 위해서 노래도 잘 부르고 춤

도 잘 추며 강의나 설법이나 담론에도 능하여 대중들을 기쁘게 한다. 이와 같이 일체 세상사에 필요한 모든 재주와 기술을 다 펼쳐 보이는 것이 마치 마술사가 마술을 하는 것과 같다. 모두가 중생을 교화하기 위한 일이다.

혹 위 장 자 읍 중 주
或爲長者邑中主하고

혹 위 가 객 상 인 도
或爲賈客商人導하며

혹 위 국 왕 급 대 신
或爲國王及大臣하고

혹 작 양 의 선 중 론
或作良醫善衆論이니라

혹은 장자와 도성 안의 주인도 되고
혹은 가객賈客과 상인의 인도자도 되고
혹은 국왕이나 대신도 되고
혹은 좋은 의원과 온갖 말을 잘 하는 이도 되느니라.

보살은 중생을 교화하기 위해서 혹은 거부장자가 되기도 하고 혹은 군수나 도지사나 시장이나 장관이나 국회의원이나 대통령이 되기도 한다. 그뿐만 아니라 소상인이나 도매상인이나 마트의 주인이나 백화점의 주인이나 심지어 사

장과 재벌의 총수가 되기도 한다. 또 훌륭한 의사가 되고 약
사가 되고 말을 잘하는 아나운서가 되고 논설가가 되기도
한다. 보살은 중생을 위한 일이라면 못할 것이 없다.

혹 어 광 야 작 대 수　　　혹 위 양 약 중 보 장
或於曠野作大樹하고　　**或爲良藥衆寶藏**하며

혹 작 보 주 수 소 구　　　혹 이 정 도 시 중 생
或作寶珠隨所求하고　　**或以正道示衆生**이니라

혹은 넓은 들에서 큰 나무가 되고
혹은 좋은 약과 온갖 보배창고도 되며
혹은 보배구슬이 되어 구하는 바를 따르고
혹은 바른 도道로써 중생에게 보이기도 하나니라.

보살이 중생을 위하는 일이라면 넓은 들판에 큰 나무가
되어 길을 가는 나그네에게 그늘을 드리우고 쉼터를 제공하
기도 한다. 혹은 좋은 약이 되어 병든 사람을 구원하고, 혹
은 보배창고가 되어 가난하고 굶주린 사람들에게 의식을 제
공하기도 한다. 때로는 정도를 보여 중생에게 바른길, 바른

이치를 깨닫게도 한다.

약 견 세 계 시 성 립
若見世界始成立에   중 생 미 유 자 신 구
                      衆生未有資身具어든

시 시 보 살 위 공 장
是時菩薩爲工匠하야   위 지 시 현 종 종 업
                      爲之示現種種業이니라

만약 세계가 처음으로 이룩될 때

중생의 자신구資身具가 없음을 보거든

이때 보살이 공장工匠이 되어서

그를 위해 갖가지 업業을 나타내 보이느니라.

45억 년 전에 지구가 생기고 시간이 지나면서 차츰 생물
이 살 수 있는 환경으로 바뀌면서 미생물과 식물과 동물이
생기고 다시 사람이 생기게 되었다. 그때를 원시시대라고 한
다. 그 무렵의 사람들은 옷을 입지 않았고 음식을 익혀 먹지
도 않았다. 또한 주거 시설도 전혀 없었다. 그와 같은 사회
에서 보살은 육신을 보호하는 도구를 만드는 기술자가 되
어 필요한 물건을 만들어 제공하기도 한다. 보살은 중생을

위해서 이와 같은 일을 한다. 그러므로 인류 역사상 훌륭한 생활 도구를 발명한 사람은 모두 보살이라고 보아도 될 것이다.

부 작 핍 뇌 중 생 물
不作逼惱衆生物하고
　　　　　　　　　　　　단 설 이 익 세 간 사
　　　　　　　　　　　　但說利益世間事호대

주 술 약 초 등 중 론
呪術藥草等衆論의
　　　　　　　　　　　　여 시 소 유 개 능 설
　　　　　　　　　　　　如是所有皆能說이니라

중생을 핍박하여 괴롭히는 물건을 만들지 않고
단지 세간을 이익하게 하는 일만 말하되
주술呪術이며 약초며 온갖 언론 등
이와 같이 있는 바를 모두 능히 말하느니라.

보살은 결코 생명을 죽이는 창이나 칼이나 활이나 총이나 화약이나 폭탄 같은 것을 만들지 아니한다. 사람들은 전쟁을 일으키며 사람을 죽이는 무기를 얼마나 많이 만들었는가. 심지어 대량으로 살상하는 독가스나 원자폭탄 등을 만들어 무자비한 살상 행위를 자행하고 있다. 그들은 모두 아귀며 아수라다. 보살은 아무리 기술이 뛰어나더라도 생명을 살상하는 것은 만들지 않는다. 사람들에게 이로운 것만을 만들 뿐이다. 보살은 무슨 일을 하든지 중생에게 이로운 일만 한다.

일 체 선 인 수 승 행
一切仙人殊勝行을

인 천 등 류 동 신 앙
人天等類同信仰이어든

여 시 난 행 고 행 법
如是難行苦行法을

보 살 수 응 실 능 작
菩薩隨應悉能作이니라

일체 선인仙人의 수승한 행行을
사람과 천신들은 다 같이 믿어 우러르나니
이와 같은 난행難行과 고행苦行의 법을
보살이 응함을 따라 다 능히 짓느니라.

선인仙人이란 부처님을 지칭한 말이다. 부처님은 세세생생 중생을 위하여 수승한 행을 닦았다. 일체 천신이나 사람들이 우러러보는 난행과 고행들을 보살은 마땅함을 따라서 능히 행한다.

2〉외도外道와 함께하다

혹 작 외 도 출 가 인
或作外道出家人하고

혹 재 산 림 자 근 고
或在山林自勤苦하며

혹 로 형 체 무 의 복
或露形體無衣服하야

이 어 피 중 작 사 장
而於彼衆作師長이니라

혹은 외도에 출가하는 사람도 되고
혹은 숲 속에서 스스로 부지런히 고행도 하며
혹은 의복이 없이 몸을 드러내기도 하여
저 대중에게 스승이 되기도 하나니라.

보살은 중생을 제도하는 일이라면 무엇이든 한다. 외도에게 출가하기도 하고, 혼자서 스스로 고행도 닦고, 나형裸形 외도가 되어 벌거숭이로 살기도 한다. 때로는 그들의 스승이 되어 가르치기도 한다. 부처님의 제자 중 3가섭이나 사리불과 목건련 등도 모두 지난날에는 외도들이었다. 중생을 교화하기 위한 일이라면 무엇인들 못하랴.

혹 현 사 명 종 종 행
或現邪命種種行하야

습 행 비 법 이 위 승
習行非法以爲勝하며

혹 현 범 지 제 위 의
或現梵志諸威儀하야

어 피 중 중 위 상 수
於彼衆中爲上首니라

혹은 사명邪命의 갖가지 행을 나타내며

그런 법을 익혀 행하여 수승함을 삼고

혹은 범지梵志의 모든 위의威儀를 나타내어

저 대중 가운데 상수上首가 되느니라.

사명邪命이란 부정한 생활을 하는 외도며, 또는 바르지
않은 삿된 방법으로 살아가는 사람을 말한다. 보살은 중생
을 위해서라면 심지어 이와 같은 일도 서슴지 않는다. 범지
梵志란 바라문을 뜻한다. 보살은 바라문의 위의도 나타낸
다. 요즘의 사정에 맞춰서 부연하면 신부나 목사나 이슬람
교도나 무당이나 점쟁이까지도 할 수 있다는 뜻이다. 불보
살의 화두는 중생이며, 불교의 영원한 화두 역시 중생이기 때
문이다.

혹 수 오 열 수 일 전　　　혹 지 우 구 급 녹 계
或受五熱隨日轉하고　　**或持牛狗及鹿戒**하며

혹 착 괴 의 봉 사 화　　　위 화 시 등 작 도 사
或着壞衣奉事火하야　　**爲化是等作導師**니라

혹은 오열五熱을 받아서 해를 따라 구르고

혹은 소와 개와 사슴의 계戒를 가지며

혹은 떨어진 옷을 입고 불을 받들어 섬기어

이런 이를 교화하기 위하여 도사導師를 짓느니라.

　　오열五熱은 또는 오열자신五熱炙身이라 하는데 외도들의
고행 중 하나로서 5체를 불에 태우는 것을 수행이라 여긴다.
해를 따라 구르는 것 역시 태양의 뜨거운 열기에 몸을 쬐는
고행을 하는 것이다. 소와 개와 사슴의 계戒를 가진다는 것
은 외도들이 소처럼 행동하는 것이 천상에 나는 원인이 된다
고 생각하는 것이며, 개처럼 행동하는 것이 천상에 나는 원
인이 된다고 생각하는 것이며, 사슴처럼 행동하는 것이 천
상에 나는 원인이 된다고 생각하는 것 등이다. 그것을 우계
牛戒, 구계狗戒, 녹계鹿戒라 한다. 또 일부러 떨어진 옷을 입거
나 새 옷을 떨어뜨려서 입는 외도와 불을 섬기는 사화事火 외

도 등을 말한다. 보살은 이와 같은 외도들을 교화하기 위하여 그들의 스승이 되고 인도자가 되기도 한다.

혹 유 시 알 제 천 묘
或有示謁諸天廟하고

혹 부 시 입 항 하 수
或復示入恒河水하며

식 근 과 등 실 시 행
食根果等悉示行호대

어 피 상 사 기 승 법
於彼常思己勝法이니라

혹은 모든 천신을 모신 사당에 배알함을 보이고
혹은 다시 항하강에 들어감을 보이며
뿌리와 과일 등을 먹는 것을 다 행하여 보이되
거기서 늘 자기의 수승한 법을 생각하나니라.

천신을 모신 사당에 배알하는 것도 사도나 외도들의 의식이다. 항하강에 목욕을 하고, 목욕한 물을 퍼서 마시고, 그 물을 병에 담아 고향으로 가져가서 성수로 모시기도 한다. 항하강을 신성시하여 사람이 죽으면 화장을 하여 그 강에 띄워 보내는 것은 오늘날에도 항상 있는 일이다. 모두가 외도들의 법이다. 나무 뿌리나 과일을 먹는 것도 외도들의 수행법 중 하나다. 그러나 보살은 그들과 같은 일을 하지만 항상 자기의 수승한 정법을 잊지 않는다. 중생을 제도하려고 방편으로 외도들의 행위를 함께 하다가 정법을 잊고 외도가 되어 버린다면 그 꼴이 어떻게 되겠는가.

혹 현 준 거 혹 교 족
或現蹲踞或翹足하고

혹 와 초 극 급 회 상
或臥草棘及灰上하며

혹 부 와 저 구 출 리
或復臥杵求出離하야

이 어 피 중 작 사 수
而於彼衆作師首니라

혹은 걸터앉음을 나타내고 혹은 발을 들고
혹은 가시덤불에 눕고 재를 뒤집어쓰기도 하며
혹은 다시 절굿공이에 누워 벗어남을 구하며
그들의 대중에서 우두머리가 되기도 하느니라.

보살은 외도들이 흔히 행하는 나무에 걸터앉거나 혹은 발뒤꿈치를 들고 교족정진翹足精進을 하거나 가시덤불에 눕고 재를 뒤집어쓰고 절굿공이에 누워 생사에서 벗어남을 구하는 등등의 일을 몸소 하기도 하며 그들의 우두머리가 되기도 한다.

여 시 등 류 제 외 도
如是等類諸外道에

관 기 의 해 여 동 사
觀其意解與同事하야

소 시 고 행 세 미 감
所示苦行世靡堪을

영 피 견 이 개 조 복
令彼見已皆調伏이니라

이러한 종류의 모든 외도들에게
그 뜻을 관찰하고 더불어 일을 함께하여
보인 바 고행을 세상에선 견디지 못함을
그들로 하여금 보게 하고 나서 모두 조복케 하나니라.

보살이 외도들의 삿된 고행을 일부러 따라 하는 뜻이 여기에 있다. 보살이 오히려 외도들보다 고행을 더욱 심하게 하여 보인 뒤 그들을 교화하고 조복하는 것이다. 한 사람이라도 정법을 깨우쳐 주려고 몸소 행하는 보살의 고행이 이와 같다. 보살의 중생을 향한 뜨거운 자비심과 연민심은 참으로 저 하늘 높이 삼십삼천을 넘어가도 남는다.

3〉 어업語業의 큰 작용

중생 미혹 품 사교
衆生迷惑稟邪敎하야

주 어 악견 수중 고
住於惡見受衆苦어든

위 기 방편 설 묘법
爲其方便說妙法하야

실 령 득 해 진 실 제
悉令得解眞實諦호대

중생이 미혹하여 삿된 가르침을 받아서

악견惡見에 머물러 온갖 고통을 받거든

그들을 위하여 방편으로 묘한 법을 설하여

다 하여금 진실한 진리를 알게 하나니라.

사람이 세상을 살아가는 데 무엇보다 중요한 것은 바른 소견이다. 그것을 바른 견해, 즉 정견正見이라 한다. 그런데 중생들이 미혹하여 삿된 가르침을 아무런 검토나 분석이나 비판 없이 받아들여 삿된 견해와 악한 견해에 머물러 고통을 받는다. 그래서 부처님은 중생들의 잘못된 견해를 바로잡아 주고 인생의 정도를 갈 수 있도록, 또한 진실한 진리를 알게 하려고 8만4천 법문을 설하신 것이다.

혹 변 주 어 설 사 제　　　　혹 선 밀 어 설 사 제
或邊呪語說四諦하고　**或善密語說四諦**하며

혹 인 직 어 설 사 제　　　　혹 천 밀 어 설 사 제
或人直語說四諦하고　**或天密語說四諦**하며

혹은 지방의 주문으로 사제四諦를 설하고
혹은 좋은 비밀한 말로 사제를 설하고
혹은 사람들이 보통 쓰는 말로 사제를 설하고
혹은 하늘의 비밀한 말로 사제를 설하신다.

　불교에서 가장 우선적으로 가르치는 진리의 말씀은 곧
사제법문이다. 즉 인간의 고통과 그 고통의 원인은 합성된
것[集]이라는 점과, 고통을 느끼고 고통의 원인을 알았으면
고통을 소멸해야 한다는 것과, 고통을 소멸하는 데는 반드
시 수행해야 할 도를 알아야 한다는 것이다. 그래서 부처님
은 위에서 밝힌 온갖 언어로 사제를 설하셨다. 보살도 또한
중생을 위해서 갖가지 언어를 구사하여 사제의 진리를 설하
는 것이다.

　청량스님의 설명에 의하면, "지방의 주문[邊呪語]"이란 것은
범어로는 '달라비다 만달라 발저비達邏鼻茶曼達邏鉢底鞞'이다.

달라비다는 남인도 변방의 나라 이름이다. 이곳 말로는 녹여 버린다는 뜻이다. 만달라는 주문이다. 발저비는 구절이다. 이를테면 그 나라 사람들의 품성은 순진하고 질박하다. 무릇 말을 하면 모두 신비한 주문이 된다. 만약 이웃 나라가 침범해 오면 병사나 무기를 사용하지 않고 다만 말로써 무찌르면 그들은 저절로 상멸喪滅해 버린다. 그러므로 '녹여 버리는 주문의 구절'이라 한다. 혹은 오직 동남동녀만 주문의 구절을 이루고 다른 사람은 안 된다고 한다.

또 "하늘의 비밀한 말[天密語]"이란 바사론 79에 설하기를, "세존이 어느 때 사천왕을 위해서 성스러운 말로 사제를 설하니 두 왕은 이해를 하고 두 왕은 이해를 못하였다. 세존이 연민히 여겨서 남인도의 지방 사투리로 사제를 설하니 두 왕 중에 한 왕은 이해하고 또 한 왕은 이해하지 못하였다. 세존이 연민히 여겨 다시 한 종류의 멸려차篾戾車 말로 사성제를 설하니 그때 사천왕이 모두 이해하였다."라고 하였다.[14]

분 별 문 자 설 사 제
分別文字說四諦하고

결 정 의 리 설 사 제
決定義理說四諦하며

선 파 어 타 설 사 제
善破於他說四諦_{하고}

비 외 소 동 설 사 제
非外所動說四諦_{하며}

혹은 문자로 분별하여 사제를 설하고

또는 분명한 이치로 사제를 설하고

다른 주장을 잘 깨뜨려 사제를 설하고

밖의 동動하는 바가 아니게 사제를 설하신다.

문자로 사제를 설명하는 것은 아주 중요하다. 언어는 아무리 여러 가지로 잘한다 하더라도 그 순간뿐이지만 문자는 오랫동안 사람들을 깨닫게 한다.

"다른 주장을 잘 깨뜨린다."는 것은 인명因明과 비량比量에서 "진리로써 능히 다른 주장을 깨뜨리기 때문이다."라고 하였으며, "밖의 동動하는 바가 아니게 사제를 설한다."는 것은 "진리가 능히 성립하는 까닭에 다른 주장이 깨뜨리지

---

14) 【或邊呪語】者: 梵云 '達邏鼻茶曼達邏鉢底鞞' 言. '達邏鼻茶' 者: 是南印度中邊國名也. 此云消融. '曼達邏' 者, 呪也. '鉢底鞞' 者, 句也. 謂其國人稟性純質, 凡所出言皆成神呪. 若隣國侵害. 不用兵仗. 但以言破之. 彼自喪滅. 故曰消融呪句也. 或云唯童男童女方得言成呪句. 餘不得也. 又【天密語等】者, 婆沙七十九說. 世尊有時為四天王, 以聖語說四諦. 二王領解. 二不能解. 世尊憐愍故. 以南印度邊國俗語說四諦, 二天王中, 一解一不解. 世尊憐愍故, 復以一種篾戾車語說四聖諦. 時四天王皆得領解.

못한다."라고 하였다. [15]

혹 팔 부 어 설 사 제
或八部語說四諦하고

혹 일 체 어 설 사 제
或一切語說四諦하야

수 피 소 해 어 언 음
隨彼所解語言音하야

위 설 사 제 영 해 탈
爲說四諦令解脫이니라

혹은 8부八部들의 말로 사제를 설하고

혹은 일체어一切語로 사제를 설하여

그들이 알 수 있는 바의 말과 소리를 따라서

사제를 설하여 하여금 해탈케 하나니라.

부처님 어업語業의 큰 작용은 측량이 불가능하다. 팔부중
이란 불법을 지키는 여덟 신장神將으로서 천天, 용龍, 야차
夜叉, 건달바乾闥婆, 아수라阿修羅, 가루라迦樓羅, 긴나라緊那羅,
마후라가摩睺羅伽를 이른다. 부처님은 이들의 말로써 사제를
설하신다. 또한 일체의 언어로써 사제를 설하신다. 이 세상
그 어떤 종류의 중생이든 그들이 알 수 있는 바의 말과 소리

---

15)【善破於他】者, 以因明比量等, 真能破故.【非外所動】者: 真能立故. 不為他破.

를 따라서 사제를 설하여 그들을 해탈케 한다.

소유일체제불법
所有一切諸佛法을

개 여 시 설 무 부 진
皆如是說無不盡하야

지 어 경 계 부 사 의
知語境界不思議니

시 명 설 법 삼 매 력
是名說法三昧力이니라

가진 바 일체 모든 불법을

모두 이와 같이 설하여 다하지 못함이 없어

말의 경계가 부사의함을 아나니

이것의 이름이 설법삼매력說法三昧力이니라.

음성교체音聲敎體라고 하였다. 부처님께서 때로는 꽃을 들어 법을 보이기도 하셨지만 99퍼센트는 음성으로 설법하여 중생을 가르쳤다. 그것이 구업의 큰 작용이다. 일체 불법을 말씀으로 설하지 않은 것이 없다. 참으로 말의 경계는 불가사의하다. 이것의 이름이 설법삼매의 힘이다.

현수품 1 끝

〈제14권 끝〉

華嚴經 構成表

分次	周次		内容	品數	會次
舉果勸樂生信分 (信)	所信因果周		如來依正	世主妙嚴品 第一 如來現相品 第二 普賢三昧品 第三 世界成就品 第四 華藏世界品 第五 毘盧遮那品 第六	初會
修因契果生解分 (解)	差別因果周	差別因	十信	如來名號品 第七 四聖諦品 第八 光明覺品 第九 菩薩問明品 第十 淨行品 第十一 賢首品 第十二	二會
			十住	昇須彌山頂品 第十三 須彌頂上偈讚品 第十四 十住品 第十五 梵行品 第十六 初發心功德品 第十七 明法品 第十八	三會
			十行	昇夜摩天宮品 第十九 夜摩天宮偈讚品 第二十 十行品 第二十一 十無盡藏品 第二十二	四會
			十廻向	昇兜率天宮品 第二十三 兜率宮中偈讚品 第二十四 十廻向品 第二十五	五會
			十地	十地品 第二十六	六會
			等覺	十定品 第二十七 十通品 第二十八 十忍品 第二十九 阿僧祇品 第三十 如來壽量品 第三十一 菩薩住處品 第三十二	七會
		差別果	妙覺	佛不思議法品 第三十三 如來十身相海品 第三十四 如來隨好光明功德品 第三十五	
	平等因果周	平等因		普賢行品 第三十六	
		平等果		如來出現品 第三十七	
托法進修成行分 (行)	成行因果周		二千行門	離世間品 第三十八	八會
依人證入成德分 (證)	證入因果周		證果法門	入法界品 第三十九	九會

會場	放光別	會主	入定別	說法別擧
菩提場	遮那放齒光眉間光	普賢菩薩爲會主	入毘盧藏身三昧	如來依正法
普光明殿	世尊放兩足輪光	文殊菩薩爲會主	此會不入定・ 信未入位故	十信法
忉利天宮	世尊放兩足指光	法慧菩薩爲會主	入無量方便三昧	十住法門
夜摩天宮	如來放兩足趺光	功德林菩薩爲會主	入菩薩善思惟三昧	十行法門
兜率天宮	如來放兩膝輪光	金剛幢菩薩爲會主	入菩薩智光三昧	十廻向法門
他化天宮	如來放眉間毫相光	金剛藏菩薩爲會主	入菩薩大智慧光明三昧	十地法門
再會普光明殿	如來放眉間口光	如來爲會主	入刹那際三昧	等妙覺法門
三會普光明殿	此會佛不放光・ 表行依解法依解光故	普賢菩薩爲會主	入佛華莊嚴三昧	二千行門
祇陀園林	放眉間白毫光	如來善友爲會主	入獅子頻申三昧	果法門

如天 無比

1943년 영덕에서 출생하였다. 1958년 출가하여 덕흥사, 불국사, 범어사를 거쳐 1964년 해인사 강원을 졸업하고 동국역경연수원에서 수학하였다. 10여 년 선원생활을 하고 1976년 탄허스님에게 화엄경을 수학하고 전법, 이후 통도사 강주, 범어사 강주, 은해사 승가대학원장, 대한불교조계종 교육원장, 동국역경원장, 동화사 한문불전승가대학원장 등을 역임하였다.

현재 부산 문수선원 문수경전연구회에서 150여 명의 스님과 250여 명의 재가 신도들에게 화엄경을 강의하고 있다. 또한 다음 카페 '염화실'(http://cafe.daum.net/yumhwasil)을 통해 '모든 사람을 부처님으로 받들어 섬김으로써 이 땅에 평화와 행복을 가져오게 한다.'는 인불사상(人佛思想)을 펼치고 있다.

저서로 『법화경 법문』, 『신금강경 강의』, 『직지 강설』(전 2권), 『법화경 강의』(전 2권), 『신심명 강의』, 『임제록 강설』, 『대승찬 강설』, 『유마경 강설』, 『당신은 부처님』, 『사람이 부처님이다』, 『이것이 간화선이다』, 『무비 스님과 함께하는 불교공부』, 『무비 스님의 중도가 강의』, 『일곱 번의 작별인사』, 무비 스님이 가려 뽑은 명구 100선 시리즈(전 4권) 등이 있고 편찬하고 번역한 책으로 『화엄경(한글)』(전 10권), 『화엄경(한문)』(전 4권), 『금강경 오가해』 등이 있다.

대방광불화엄경 강설 제14권

| 초판 1쇄 발행_ 2014년 11월 16일
| 초판 4쇄 발행_ 2018년 3월 21일

| 지은이_ 여천 무비(如天 無比)
| 펴낸이_ 오세룡
| 편집_ 박성화 손미숙 정선경 이연희
| 기획_ 최은영
| 디자인_ 고혜정 김효선 장혜정
| 홍보 마케팅_ 이주하
| 펴낸곳_ 담앤북스
          서울특별시 종로구 사직로8길 34 (내수동) 경희궁의 아침 3단지 926호
          대표전화 02)765-1251 전송 02)764-1251 전자우편 damnbooks@hanmail.net
          출판등록 제300-2011-115호
| ISBN 978-89-98946-38-8   04220

정가 14,000원
ⓒ 무비스님 2014